BIBLIOTHÈQUE DES PROFESSIONS
INDUSTRIELLES, COMMERCIALES ET AGRICOLES

MANUEL DU

COMMERCE DES TISSUS

VADE MECUM DU

MARCHAND DE NOUVEAUTÉS

Par EDMOND BOURDAIN

Ce manuel est indispensable :

A tous les employés de magasins de nouveautés ;

Aux jeunes apprentis qui se destinent à cette profession commerciale ;

A tous ceux qui se livrent au commerce des tissus.

Professions commerciales

Série E
N° 2

PARIS
J. HETZEL ET Cie, ÉDITEURS
18, RUE JACOB, 18

BIBLIOTHÈQUE DES PROFESSIONS

INDUSTRIELLES, COMMERCIALES ET AGRICOLES

———

SÉRIE E

PROFESSIONS COMMERCIALES

——

N° 2

TYPOGRAPHIE FIRMIN-DIDOT. — MESNIL (EURE).

BIBLIOTHÈQUE DES PROFESSIONS
INDUSTRIELLES, COMMERCIALES ET AGRICOLES

MANUEL DU

COMMERCE DES TISSUS

VADE MECUM DU

MARCHAND DE NOUVEAUTÉS
Par EDMOND BOURDAIN

Ce manuel est indispensable :
A tous les employés de magasins de nouveautés ;
Aux jeunes apprentis qui se destinent à cette profession commerciale ;
A tous ceux qui se livrent au commerce des tissus.

Professions commerciales

Série E
N° 2

PARIS
J. HETZEL ET Cᴵᴱ, ÉDITEURS
18, RUE JACOB, 18

MANUEL

DU COMMERCE DES TISSUS

INTRODUCTION

En écrivant ce manuel, qui contient ce qu'il est le plus nécessaire de connaître, pour se livrer au difficile métier de marchand de nouveautés, j'ai cru rendre un signalé service à tous ceux qui se livrent au commerce des tissus.

Les diverses matières que j'ai fait entrer dans ce manuel sont en partie enseignées aux jeunes gens qui se destinent au commerce de nouveautés pendant le cours de leur apprentissage ; mais, la plupart du temps, ces jeunes apprentis, novices dans cette nouvelle profession, ne comprennent qu'à la vingtième fois les explications qui leur sont faites par leurs chefs, concernant les tissus qu'ils sont appelés à manipuler.

Il est certain que s'ils étaient en possession de ce manuel, seuls dans leurs chambres, ils l'étudieraient attentivement, et cette lecture, en même temps qu'elle leur rendrait leur apprentissage plus fructueux, leur épargnerait bien des boutades de la part de leurs supérieurs.

Aux demoiselles de magasin, qui la plupart du temps n'ont fait qu'un apprentissage des plus incomplets, ce manuel est indispensable.

Il sera également de la plus grande utilité pour les jeunes gens qui vont s'établir et devenir chefs de maison. Les petits détails concernant les achats, les escomptes, sont généralement cachés aux employés par les patrons; mon manuel leur révélera tous ces petits secrets.

Combien de gens dans nos campagnes se décident à se mettre marchands sans con-

naître les tissus, et avoir aucune notion de
l'art de les ranger et de les plier convenablement! Aussi, si nous visitons un de ces
petits magasins, appelés vulgairement bou-
tiques, nous sommes frappés du désordre
et de la confusion qui règnent partout, désordre qui se traduit à la fin de l'année par
des pertes égalant parfois les bénéfices.

La lecture de notre manuel, en initiant
ces petits marchands aux secrets du métier, remédiera en grande partie à l'insuffi-
sance de leurs connaissances professionnelles. Elle leur donnera des renseignements
des plus utiles sur la provenance des tissus,
leur largeur, leur qualité; leur fera connaître
les métrages nécessaires pour confectionner
tous les vêtements, etc., etc. A cette classe
de petits commerçants, je le recommande
tout particulièrement; il leur évitera bien
des tâtonnements et bien des mécomptes.

Le nombre des sociétés coopératives de
consommation va sans cesse augmentant
dans notre pays ; la garde et la distribution
des marchandises de ces sociétés est géné-

ralement confiée à des jeunes femmes qui n'ont aucune notion du commerce des tissus. Dans l'intérêt des sociétés qui leur confient la garde de leurs magasins, je recommande à ces personnes de faire l'acquisition de mon manuel.

C'est un guide sûr qui leur enseignera le moyen de faire avantageusement leurs achats et de soigner convenablement les marchandises confiées à leurs soins.

VISITE AU MAGASIN

Je vous prie, chers lecteurs, de vouloir bien faire avec moi une revue des divers rayons de mon magasin; vous y verrez l'ordre avec lequel tout y est disposé, la méthode que j'ai suivie dans le rangement des diverses marchandises qu'il contient, et si vous avez un jour un établissement de ce genre à organiser et à gérer, le plan dispositif que j'ai adopté pourra peut-être vous servir.

Vous avez là, devant vous, mon rayon de draperie. Les genres qu'il contient sont assez nombreux. Je ne veux point entreprendre dans cette revue à vol d'oiseau de vous dénommer tous les genres qui le composent; la table qui va suivre et qui comprendra dans son énumération tous les articles des divers rayons vous les fera connaître d'une façon très détaillée, et vous donnera sur chaque article les explications nécessaires pour vous les faire bien reconnaître.

Mon rayon de drap est divisé en deux parties bien distinctes : les draps noirs et les draps fantaisie.

Les draps noirs pour hommes et pour dames comprennent les satins, taupelines, édredons, duités, castors, matelassés, etc.

Mon rayon de draperie fantaisie pour hommes comprend des draps variés de dispositions à l'infini ; quelques-uns peuvent servir indifféremment pour pantalons, gilets, vestons, jaquettes, d'autres sont d'un emploi exclusif.

Malgré leur usage commun dans certains cas, j'ai divisé mes draps en cinq catégories, et cette division est constamment respectée dans la mise en rayon. Elle simplifie considérablement les recherches au moment de la vente.

1° Draps pour pantalons.

2° Draps servant plus exclusivement pour jaquettes et vestons.

3° Draps unis et à diagonales pour par-dessus.

4° Ratinés, ondulés, frisés, pour pardessus d'hiver.

5° Draperie pour enfants.

Tous les draps ont, en général, de 1^m,30 à 1^m,40 de largeur.

J'ai groupé, autant que possible, tous les articles pour vêtements d'hommes à côté les uns des autres. Aussi, à côté de mon rayon de drap, vous voyez :

Les coutils fantaisie pour pantalons d'été ;

Les moleskines ;

Plusieurs séries d'étoffes à pantalon, laine et coton ;

Plusieurs séries d'étoffes à pantalon, tout coton ;

Les toiles nationales, pour vêtements de chasse, et un grand choix de velours à côte bruns, marrons, olives, verts, bleus, etc.

Tous ces articles ont 70 centimètres de largeur.

A côté des tissus pour pantalons, se trouvent les étoffes à blouses :

Toiles bleues et grises, retors rayés, prunelles, satins bleus et toiles d'Écosse.

Les largeurs les plus communément employées pour blouses sont : 1^m,00, 1^m,20 et 1^m,40. La largeur de 1^m,20 est la plus souvent demandée.

Le rayon de toiles fait suite à celui d'articles pour hommes; il comprend les toiles pour draps et pour chemises, genres fins et genres forts, blancs, demi-blancs, lessivés, jaunes, écrus et crémés. La table, où tous les genres de toiles seront dénommés avec leur usage, leur largeur et leur provenance, vous donnera tous les détails utiles pour bien connaître ce rayon, mieux que ne pourrait le faire la plus longue explication.

Le rayon de linge de table, qui a de si nombreux points de contact avec le rayon de toiles, est placé à côté. Il comprend : les serviettes unies et damassées, nappes, services complets en linge damassé, serviettes à thé, etc.

Le rayon de flanelles est contigu au rayon de toiles. Il se compose de flanelles de santé lisses et croisées, unies et à dessins, articles foulés et irrétrécissables.

Les molletons en tous genres, pour langes, jupons, caracos, coins de feu, font également partie de ce rayon.

RAYON DE BLANC.

Le rayon de blanc comprend : les calicots, cretonnes, triplures, mousselines, percales, guipures, nansouks, piqués, finettes, brillantés, mousselines à rideaux, brodées et brochées, gazes brodées, toiles de coton blanches et écrues, etc.

Les tulles, dentelles, guipures, crêpes, grenadines, devants de chemises, bonnets et broderie en tous genres font également partie du rayon de blanc.

Toutes les mousselines sont soigneusement empaquetées ; on doit prendre les plus grandes précautions pour empêcher le blanc de se défraîchir ; des mousselines défraîchies sont à moitié perdues.

1.

Les tulles, dentelles et broderies en tous genres sont placés avec beaucoup de soin dans des cartons doublés de papier bleu.

Le papier bleu ayant la propriété d'empêcher le blanc de s'altérer, devra être employé de préférence pour servir d'enveloppe à tous ces articles, dont la fraîcheur fait tout le prix.

RAYON DE LITERIE.

Ce rayon est très important, quoique peu compliqué dans sa composition.

Les coutils à lit, par exemple, qui font le plus gros chiffre du rayon, ne diffèrent guère que par leurs rayures qui portent différents noms :

La Grande Barre ;

La Calle de Paris ;

La Calle de Bordeaux ;

La Barre Nationale.

Ce rayon comprend également :

Les toiles à matelas à carreaux bleus, les

coutils rayés fantaisie, en fil et en coton, et les toiles damassées pour sommiers.

Presque tous ces articles ont 1^m,40 de largeur; les articles pour sommiers ont 1^m,80.

Avant d'arriver au rayon d'articles pour dames, n'oublions pas celui des ameublements. Il se compose d'un choix des plus variés de cretonnes meubles, croisés et granités, de tous les prix et de toutes les couleurs. Ces articles sont soumis aux fluctuations capricieuses de la mode; aujourd'hui du clair, demain du foncé; ce qui était de bon goût hier est affreux aujourd'hui. Les dessins sont innombrables; et les couleurs en vogue ne font que passer, pour être aussitôt éclipsées par une nouvelle création qui fait nouveauté.

Le négociant, soucieux de bien servir sa clientèle, devra s'assurer à la réception de ses articles pour ameublements de la solidité du teint de toutes ses pièces, et refuser toutes celles dont quelques tons auraient disparu, après un lavage dans l'eau bouillante additionnée de soude.

Dans cet article, encore plus que dans tout autre, les fabricants mettent sur toutes leurs pièces : *Grand teint*, affirmation qui se trouve souvent démentie par l'expérience.

MOUCHOIRS.

Les tailles de mouchoirs les plus usitées sont : les $0^m,52$, $0^m,60$, $0^m,65$ et $0^m,70$. Tous les genres, blancs, en fil et en coton, articles à vignettes et mouchoirs à carreaux, doivent donc exister en rayon dans toutes ces tailles.

ARTICLES POUR FEMMES

RAYON DE DEUIL.

Ce rayon est celui qui englobe le plus de capitaux dans un magasin de nouveautés. Il comprend :

Les Mérinos noirs, ordinaires et doubles ;
Les Cachemires, ordinaires et doubles ;
Les Alpagas ;
Les Pachas ;
Les Cretonnes ;
Les Anacostes ;
Les Moires de laine, matelassés, cachemires de l'Inde, Parisiennes, Bengalines, etc.

RAYON DE FANTAISIE.

Ce rayon, le plus ingrat pour toutes les maisons, vu l'énorme dépréciation que subit toute marchandise qui y a séjourné seulement deux années, est divisé en deux parties :

Les articles pure laine et les articles laine et coton.

Les pièces de nuances fragiles doivent toujours être soigneusement enveloppées. La nomenclature de tous les articles qui le composent serait longue et fastidieuse, et ne servirait qu'à embarrasser la mémoire du lecteur. Les caprices de la mode en changent à chaque instant la composition, les largeurs et les dessins ; nous trouverons les noms et la texture des différents articles qui s'y trouvent dans la table qui va suivre. Nous recommandons à tous les acheteurs en fantaisie une extrême prudence ; notre expérience nous a appris que, en moyenne, ce qui reste en rayon en fantaisie perd :

La première année 25 % ;

La deuxième année 50 % ;

La troisième année 75 %, prix auquel on est souvent obligé de l'abandonner aux soldeurs.

INDIENNES ET COTONNES.

Ce rayon comprend tous les cotons pour robes, vichys lisses et croisés, impressions pompadour, satinettes et batistes pour robes, imprimées et brochées, cotonnades et ménages pour tabliers, indiennes et cotons imprimés.

DOUBLURES.

Ce rayon comprend les finettes, les clairvaux gris et noirs, les satinettes et percalines pour édredons, les futaines grises, blanches et écrues, les croisés pour sarraux d'enfants, les percalines, jaconas, mignonnettes, etc.

TAPIS.

Toute maison de nouveautés, si elle ne tient pas le tapis à la pièce, doit au moins avoir un assortiment de foyers, en moquette et en haute laine, depuis 40 centimètres jusqu'à 70 centimètres de largeur. Les tailles les plus demandées sont le 55 centimètres et le 60 centimètres. Les carpettes en feutre et en moquette, de 1^m,40 à 2 mètres carrés, sont également d'une vente bien courante.

Le tapis de table, qui ne se vendait il y a quelques années que dans certaines maisons ayant une clientèle aristocratique, est aujourd'hui entré tout à fait dans le domaine public, et il est indispensable à toute maison d'avoir un assortiment assez varié depuis 1^m,20 jusqu'à 1^m,80 carrés.

SOIERIE.

La vente de la soie a beaucoup diminué depuis quelques années dans les maisons de nouveautés, particulièrement la vente de la soie fantaisie. Mon assortiment se compose de faille et taffetas noirs, satins noirs unis et brochés, et satins couleur de toutes teintes pour garnitures. Il est nécessaire de veiller attentivement à ce que les soies ne se piquent pas en rayon, et à cet effet de les visiter souvent.

Lorsque les piqûres sont récentes, on peut les faire disparaître facilement, en les frottant avec un tampon de flanelle.

La concurrence a presque toujours pour effet, en faisant baisser les prix des marchandises, d'amener une diminution de leur qualité. Les étoffes de soie sont moins chères qu'il y a quelques années, c'est vrai ; mais elles sont beaucoup moins bonnes et se tachent bien plus facilement. Les fabricants ont été amenés par la concurrence à charger leurs soies de matières étrangères qui nuisent beaucoup à leur durée et à leur bonne conservation.

Les velours noirs et les velours de couleur, velours de coton, tramés et pur soie, unis et brochés, font également partie de mon rayon de soierie.

FOULARDS.

Les foulards de soie font également un très joli chiffre dans une maison de nouveautés. Pour que la vente de cet article soit facile, l'assortiment doit être très complet. Il doit se composer de Mossouls, Chinas et Surrahs blancs et fantaisie, de toutes tailles et de toutes qualités.

COUVERTURES.

J'ai placé les couvertures, marchandise assez encombrante, sur le haut des corniches de mon magasin. Elles en occupent tout le pourtour. Les paquets, soigneusement faits, portent des étiquettes indiquant leur contenu.

Couvertures laine, blanches et vertes ;

Couvertures coton blanc ;

Couvertures de voyage, cabris, grison, milaine, tels sont les principaux genres que renferme mon rayon de couvertures.

Enfin, pour clore cette longue revue, citons les articles confectionnés :

Gilets flanelles, chemises, tabliers d'enfants, visites, mantilles, manteaux, rotondes, etc., etc., articles dont le nombre augmentera certainement dans toutes les maisons dans de grandes proportions, si la tendance à acheter les vêtements tout confectionnés continue à s'accentuer.

J'arrête là ce détail ; il suffira, je l'espère, à donner aux lecteurs une idée de l'ordre dans lequel tout doit être disposé dans un magasin de nouveautés bien ordonné.

TABLEAU PAR RAYON DE TOUS LES ARTICLES
COMPOSANT UN MAGASIN DE NOUVEAUTÉS.

Dénomination.	Largeur en centimètres.	Usage.	Lieu de fabrication.	Signes distinctifs et texture.

DRAP NOIR.

Dénomination.	Largeur en centimètres.	Usage.	Lieu de fabrication.	Signes distinctifs et texture.
Taupeline.	140	Pantalons.	Sedan, Elbeuf	Croisé, pure laine.
Satin.	140	Redingotes.	Sedan, Elbeuf	Croisé, pure laine.
Castor.	140	Habits.	Sedan, Elbeuf	Lisse, pure laine.
Édredon.	140	Rotondes et paletots de dames.	Sedan, Elbeuf	Croisé, pure laine.
Cheviotte.	140	Vestons.	Elbeuf.	Croisé, article brut.
Matelassé.	140	Jaquettes et vêtements de dames.	Sedan, Roubaix.	Article à dessins.

Les édredons et les matelassés seront achetés de préférence à Sedan; pour tous les autres genres, la fabrication d'Elbeuf m'a toujours semblé préférable.

DRAPS FANTAISIE.

Dénomination.	Largeur en centimètres.	Usage.	Lieu de fabrication.	Signes distinctifs et texture.
Cuir.	140	Pantalons.	Elbeuf, Midi.	Lisse, pure laine.
Satin.	140	Pantalons.	Elbeuf, Midi.	Croisé, id.
Ondulé.	140	Pardessus.	Elbeuf, Midi.	Articles se faisant en pure laine et en fil et coton.
Ratiné.	140	Pardessus.	Elbeuf, Angleterre.	
Frisé.	140	Pardessus.	Elbeuf, Angleterre.	
Peluche.	130	Vêtements de dames.	Angleterre.	Article coton peluche remplaçant le molleton.
Sealskins.	130			
Pilous.	70	Caracos.	Belgique et Reims.	

Dénomination.	Largeur en centimètres.	Usage.	Lieu de fabrication.	Signes distinctifs et texture.
Cheviotte.	140	Complet.	Elbeuf.	Pure laine.
Melton.	130	Vêtements d'enfant.	Angleterre.	Fil et laine.

ÉTOFFES A PANTALONS.

Moleskine.	70		Mulhouse, Rouen, Belgique.	Coton, article imprimé.
Coutil.	70		Laval.	Fil.
Toile nationale.	70		Laval.	Fil.
Velours.	70		Amiens, Angleterre.	Coton.
Fougère.	100		Condé, Flers.	Coton.
Nid d'abeille.	70		Bessé, Flers, Rouen.	Coton.
Lucifer.	70		id.	Coton.
Trompeuse.	70		id.	Coton.
Treillis.	70		Laval, Lille.	Fil.
Drap de coton.	70		Laval.	Coton.
Fort-en-diable.	70		Laval.	Coton.
Tricotine.	70		Laval.	Coton.

Pour bien opérer dans ses achats de draperie fantaisie, on devra acheter tous ses articles du prix le plus élevé à Elbeuf, et réserver pour les villes du midi de la France les achats de draperie commune. Les meltons et les ratinés bon marché devront être achetés de préférence en Angleterre.

ÉTOFFES A BLOUSES.

Toile sans calendre.	100 à 120	Blouses.	Lille.	Lisse (bleu).
Toile calendrée.	100 à 120	Blouses.	Lille.	Lisse (bleu et gris).

Dénomination.	Largeur en centimètres.	Usage.	Lieu de fabrication.	Signes distinctifs et texture.
Retord rayé.	100 à 120	Blouses et tabliers.	Condé, Flers.	Rayé bleu et blanc.
Satin.	100 à 120	Blouses.	Condé, Flers.	Croisé gros grain.
Prunelle.	100 à 120	Blouses.	Condé, Flers.	Croisé fin.

TOILES.

Dénomination.	Largeur en centimètres.	Usage.	Lieu de fabrication.	Signes distinctifs et texture.
Quinepeux.	90	Tabliers.	La Ferté-Bernard.	Toiles grossières pour tabliers.
Bourbée.	90	Tabliers.	La Ferté-Bernard.	
Toile charriers.	120	Charriers.	Le Mans.	Article très clair.
Toile cylindrée.	70	Couches.	Lille.	Genre souple, grain écrasé.
Toile Fresnay.	80	Chemises.	Fresnay.	Toile fine, demi-blanc.
Toile Cambrai.	90	Objets très fins.	Cambrai.	Toile fine blanche.
Toile Courtray.	90	Objets très fins.	Courtray.	Toile fine blanche, grain perlé.
Toile de Lille et d'Armentières.	70 à 120	Draps et chemises.	Lille et Armentières.	Toiles de lin.
Toile du Mans.	80 à 120	Draps et chemises.	Le Mans.	Toiles de chanvre.
Toile de façon.	80 à 120	Draps.	Le Mans, le Breuil.	Tissé et filé à la main.
Toile torchon.	50 à 70	Torchons.	Lille.	Toiles barrées rouges.

Les villes manufacturières qui fabriquent de la toile sont très nombreuses en France; on en trouvera la liste complète dans la table des villes de fabrique. Nous nous appliquerons, en outre, dans notre article intitulé : *Voyage d'achat*, à faire connaître le genre dans lequel chacune d'elles excelle.

Dénomination.	Largeur en centimètres.	Usage.	Lieu de fabrication.	Signes distinctifs et texture.

Les toiles pour chemises et pour draps ont des teintes qui souvent n'ont rien de commun avec la couleur des fils qui ont servi à les fabriquer ; voici les noms sous lesquels elles sont connues dans le commerce :

Toiles écrues ; — toiles jaunes ; — toiles crémées ; — toiles ocrées ; — toiles demi-blanc ; — toiles blanches.

FLANELLES.

Dénomination.	Largeur	Usage.	Lieu de fabrication.	Signes distinctifs et texture.
Flanelle santé croisée.	70	Gilets.	Reims.	
Flanelle santé lisse.	70	Gilets.	Reims.	
Flanelle irrétrécissable.	75	Gilets.	Reims.	Apprêt et traitement spécial.
Flanelle fantaisie.	70	Chemises.	Reims.	
Molleton blanc, rouge, noir, bleu, gris, etc.	70	Langes, jupons, pantalons.	Mazamet.	
Bolivard.	60	Doublures.	Reims.	Flanelle lisse pour doublures.
Saxonne.	70	Pantalons.	Reims.	

La teinture des molletons rouges est souvent très défectueuse ; il est bon d'y veiller et d'exiger de son fournisseur la livraison de marchandises d'un teint irréprochable.

BLANC.

Dénomination.	Largeur en centimètres.	Usage.	Lieu de fabrication.	Signes distinctifs et texture.
Calicot.	80	Usages nombreux.	Épinal.	
Triplure.	80	Doublures.	Épinal.	
Cretonne.	80	Chemises, pantalons.	Épinal.	
Croisé.	80	Pantalons.	Épinal.	
Bazin.	80	Pantalons.	Épinal.	
Damas.	80	Rideaux de lit.	Épinal.	
Nansouks.	90 à 185	Usages nombreux.	St-Quentin.	Tous ces articles sont tout coton. Les mousselines portent des noms différents suivant leur traitement ou leur apprêt. Les toiles coton sont blanches ou écrues.
Mousseline anglaise.	90 à 180	Robes.	Tarare.	
Mousseline suisse.	135	Bonnets.	Tarare.	
Percale.	90 à 150	Usages nombreux.	St-Quentin.	
Guipure.	75	Rideaux fenêtre.	St-Quentin.	
Gaze brodée.	75	id.	St-Quentin.	
Mousseline brochée.	75	id.	St-Quentin.	
Mousseline plumetis.	110	Bonnets.	Tarare.	
Mousseline carreaux.	100	Bonnets.	St-Quentin.	
Piqué sec.	70	Jupons, robes d'enfants, pantalons.	St-Quentin.	
Piqué molletonné.	70		St-Quentin.	
Finette brillanté.	70		Troyes, Saint-Quentin, Rouen.	
Brillanté.	90	Bonnets.	St-Quentin.	
Toile coton.	70 à 80	Nombreux usages.	Rouen.	
Toile noble.	70	Chemises, taies d'oreiller.	Flers.	Toile coton fine, article à la main.

Dénomination.	Largeur en centimètres.	Usage.	Lieu de fabrication.	Signes distinctifs et texture.
Tulle.		Bonnets.	St-Pierre-les-Calais.	
Imitation.		Bonnets.		
Valenciennes.		Bonnets, cols, garnitures de robes.	Bailleul, Belgique.	
Bandes brodées.		Bonnets, jupons.	St-Quentin.	
Devants de chemises.			St-Quentin.	
Crêpe de soie.		Bonnets.	Lyon.	
Bonnets brodés.			Nancy, Vouvray.	
Crêpe noir.	90	Voiles.	Lyon.	
Grenadine.	90	Voiles.	Lyon.	
Tangèps.	75	Doublure.	Tarare.	

LITERIE.

Coutil à lit.	140	Lit de plumes.	Flers, Évreux La Ferté-Macé.	Croisé ou treillis.
Toile matelas.	140	Matelas.	Flers, Rouen.	Lisse.
Coutil rayé fil.	140	Matelas.	Lille.	Treillis.
Coutil rayé coton.	140	Stores, rideaux.	Flers.	Croisé.
Toile damassée.	140 à 180	Sommiers.	Lille.	Fil cylindré, à fleurs.
Toile paillasse.	140	Paillasse.	Lille, La Ferté-Bernard.	Toile noire.

Les toiles damassées sont très mauvaises de qualité dans les prix bon marché; on devra dans les bas prix leur préférer les coutils rayés fil fantaisie.

Dénomination.	Largeur en centimètres.	Usage.	Lieu de fabrication.	Signes distinctifs et texture.

LINGE DE TABLE.

Dénomination.	Largeur en centimètres.	Usage.	Lieu de fabrication.	Signes distinctifs et texture.
Serviettes. Nappes. Services damassés. Services à thé.	70/90 Toutes tailles.		Alençon, Fresnay, Amiens, Lille, Armentières.	Tous ces articles se font en blanc, demi-blanc, et écru unis et damassés.

AMEUBLEMENT.

Dénomination.	Largeur en centimètres.	Usage.	Lieu de fabrication.	Signes distinctifs et texture.
Indienne.	70		Rouen.	
Cretonne.	80	Rideaux portières, garnitures chaises, fauteuils et canapés.	Rouen.	Articles en coton et imprimés.
Croisé.	80		Rouen, Mulhouse.	
Granité.	80		Rouen, Mulhouse.	
Damas.	80		Suisse, Angleterre.	Nuances unies.

Vu leur mauvais teint, les articles anglais devraient être bannis du rayon d'articles pour ameublements.

Il est prudent de ne jamais acheter de meubles croisés dans les prix bon marché, à cause du peu de durée des objets faits avec ces tissus.

Depuis quelques années, on a fabriqué des masses d'articles en phormium qui s'emploient pour ameublements, concurremment avec les croisés imprimés de Rouen.

DEUIL.

Dénomination.	Largeur en centimètres.	Usage.	Lieu de fabrication.	Signes distinctifs et texture.
Mérinos.	100 à 120		Reims.	Pure laine, croisé des deux côtés.
Cachemire.	120		Reims. Amiens.	Pure laine, croisé d'un seul côté.
Mérinos double.	120		Reims.	Pure laine, chaîne double, croisé des deux côtés.
Cachemire double.	120	Robes, vêtements, jupons, tabliers, etc.	Reims.	Pure laine, chaîne double, croisé d'un seul côté.
Alpaga.	70		Roubaix, Angleterre.	Laine et coton.
Cretonne.	70 à 100		Roubaix.	Laine et coton, gros grain.
Pacha.	70		Roubaix, Angleterre.	Laine et coton, grain perlé.
Moire.	60	Jupons.	Angleterre.	Pure laine.
Bengaline.	90		Amiens.	Pure laine, lisse et fin.
Parisienne.	90		Amiens.	Pure laine, côte fine.

Les cachemires d'Amiens sont supérieurs à ceux de Reims; on devra toujours, pour les mérinos, donner la préférence à la fabrication de Reims. Les alpagas et les pachas anglais sont supérieurs à ceux de fabrication française.

Dénomination.	Largeur en centimètres.	Usage.	Lieu de fabrication.	Signes distinctifs et texture.

FANTAISIE.

Dénomination.	Largeur en centimètres.	Usage.	Lieu de fabrication.	Signes distinctifs et texture.
Popeline.	110			
Epinglé.	60			
Cachemire.	120			Tous ces articles se font en pure laine et en laine et coton. Les mérinos, cachemires et popelines, proprement dits, sont toujours pure laine.
Mérinos gris.	100			
Reps.	80			
Alpaga.	80	Robes, peignoirs, jupons, costumes.	Roubaix, Reims, Angleterre.	
Beige.	110			
Armure.	110			
Sergé.	110			
Biarritz.	100			
Matelassé.	110			
Ottoman.	110			
Satin.	110			
Écossais.	110			

Tous les articles du rayon de fantaisie, si nombreux qu'ils paraissent, peuvent être ramenés aux genres d'étoffes dont les noms précèdent. On varie les couleurs, les largeurs, on fait les mêmes articles en pure laine et en laine et coton; mais c'est toujours des étoffes lisses faisant plus ou moins la côte, des serges, allant du croisé le plus fin à la diagonale la plus large, des dessins tissés plus ou moins originaux ou des écossais plus ou moins bigarrés.

Malgré l'originalité des noms dont on les affuble à leur apparition, les Pékin, les Kroumir, les Ottoman, les Satins-Soleil, etc., ne sont que la résurrection des anciennes étoffes avec lesquelles s'habillaient nos grand'-mères.

INDIENNES COTONNES.

Dénomination.	Largeur en centimètres.	Usage.	Lieu de fabrication.	Signes distinctifs et texture.
Indienne.	70	Robes.	Rouen.	Impression.
Coton imprimé.	80	Robes.	Rouen.	Impression.
Pompadour.	80	Robes.	Rouen, Mulhouse.	Impression.
Vichy lisse.	100	Robes.	Rouen, Roanne.	
Vichy croisé.	100	Robes.	Rouen, Roanne.	
Ménage.	100 à 140	Tabliers.	Rouen.	Chaîne double.
Retord.	100 à 140	Blouses, tabliers.	Rouen, Condé	Fils retords.
Flanelle coton.	80	Chemises.	Rouen, St-Dié	Article gratté comme la flanelle.
Oxfort.	80	Chemises.	Flers, Thizy.	Cylindré.
Cretonne fantaisie pour chemises.	80	Chemises.	Rouen, Flers, Roanne, Saint-Dié.	
Satinette imprimée.	80	Robes.	Mulhouse.	Imprimé.
Batiste imprimée.	80	Robes.	Mulhouse.	Imprimé.
Zéphir.	80	Robes.	Roanne.	Tissé.

Dans ce rayon plus que dans tout autre, le faux teint est un écueil. Soyons donc très circonspects et très minutieux dans l'examen des marchandises que nous achèterons.

Il faudra préférer Roanne pour l'achat des cotons bleus et blancs, et Rouen pour la plupart des autres articles de ce rayon.

DOUBLURES.

Dénomination.	Largeur en centimètres.	Usage.	Lieu de fabrication.	Signes distinctifs et texture.
Percaline.	80	Doublures.	Rouen, Villefranche.	
Clairvaux gris.	80	Doublures.	Villefranche.	
Clairvaux noir.	80	Doublures.	Villefranche.	
Croisé sans apprêt.	80	Doublures.	Villefranche.	
Croisé noir glacé.	90	Doublures.	Troyes.	
Satinette.	90	Édredons.	Villefranche.	
Mignonnette.	100	Doublures de manches.	Rouen, Angleterre.	
Finette.	80	Doublures.	Rouen, Villefranche.	
Jacomas.	80	Doublures.	Rouen.	
Futaine.	60	Doublures.	Nantes, Cholet.	
Croisé mérinos.	130	Sarraux d'enfants.	Villefranche, Roubaix,	
Satin de Chine.	130	Doublures de vêtements d'hommes.	Amiens, Angleterre, Allemagne.	

Les clairvaux de Villefranche sont mieux traités que ceux de Rouen ; je préfère également leurs percalines noires et leurs satinettes ; les croisés glacés noirs de Troyes sont ce qu'il y a de mieux traité dans ce genre ; pour toutes les autres doublures, je préfère les articles de Rouen. Il y a plus de sécurité pour la garantie du grand teint que dans toutes les autres places de fabrique.

TAPIS.

On distingue trois sortes de tapis : le feutre, la moquette et la haute laine.

Le feutre, dont le dessin n'est qu'une impression, est le moins solide de tous.

La moquette est très solide, mais elle est beaucoup moins belle que la haute laine, qui est le plus riche et le plus confortable de tous les tapis.

Les Anglais sont nos maîtres pour la fabrication du feutre et de la moquette imprimée ; mais c'est à Nîmes et à Beauvais que se font les plus beaux tapis haute laine.

SOIERIE.

Les articles du rayon de soierie sont très peu nombreux. Ce rayon comprend : les satins, les failles, les taffetas et les velours.

Tous ces articles se fabriquent à Lyon et à Saint-Étienne, excepté les velours de coton pour la fabrication desquels l'Allemagne et

l'Angleterre ont sur nous une incontestable
supériorité.

FOULARDS.

Les principaux genres de foulards sont :
les Mossouls, les Chinas et les Surrahs.
Ces genres se font en toutes tailles, depuis
45 centimètres jusqu'à 80. Lyon est la première ville du monde pour la fabrication des
foulards; la Suisse et l'Angleterre font certains genres qui peuvent concurrencer les
produits lyonnais.

MOUCHOIRS.

Les mouchoirs se divisent en deux catégories bien distinctes : les mouchoirs de fil et
les mouchoirs de coton.

Deux fabrications sont en concurrence
pour les mouchoirs de fil : Cholet et Cambrai. Cholet excelle dans les genres forts,
et Cambrai dans les genres fins et légers.

Pour les mouchoirs de coton, aucune fabrication n'a pu jusqu'ici lutter avantageusement avec celle de Rouen.

CHALES.

Il y a deux grandeurs de châles : les châles longs et les châles carrés.

Les châles longs ont 1^m,80 sur 3^m,60 de grandeur.

Les châles carrés ont de 1^m,80 à 2^m,00 carrés.

Les châles tapis se fabriquent à Nîmes et à Paris; quant aux châles de l'Inde, les morceaux qui les composent sont, comme chacun le sait, brodés par des ouvrières de l'Extrême-Orient, et achetés par de gros négociants de Paris qui les font assembler dans leurs ateliers.

Les châles noirs, en mérinos et en cachemire, sont fabriqués à Reims.

COUVERTURES.

Les couvertures en laine blanche et verte

sont fabriquées à Orléans : tous les autres genres de couvertures, celles de coton blanc, les cabris, les grisons, les gris-argent, sont fabriquées à Cours et à Thizy.

Il se fabrique à Amboise des couvertures de voyage d'une extrême beauté.

C'est la pointure des couvertures qui détermine leur grandeur, pour lits de fer, à coucher une personne, les 5, 6 et 7 points sont les tailles les plus généralement demandées.

Pour les grands lits, on prend les 8, 9 et 10 points.

Voici la grandeur de toutes les pointures :

3 points...............	$1^m,40$ sur $1^m,80$
4 points...............	$1^m,55$ sur $2^m,00$
5 points...............	$1^m,70$ sur $2^m,05$
6 points...............	$1^m,80$ sur $2^m,25$
7 points...............	$2^m,35$ sur $2^m,00$
8 points...............	$2^m,50$ sur $2^m,15$
9 points...............	$2^m,70$ sur $2^m,25$
10 points...............	$2^m,85$ sur $2^m,40$
11 points...............	$2^m,55$ sur $3^m,00$
12 points...............	⎫ Grandeurs très
13 points...............	⎬ rarement de-
14 points...............	⎭ mandées.

MARÈGUE.

Dans les pays de grande culture, particulièrement dans le Loiret, le Blaisois et la Touraine, les laboureurs et les vignerons se servent pour se mettre à l'abri des pluies et du froid d'un vêtement en étoffe grossière appelé limousine. Le tissu qui sert à confectionner ces sortes de grands manteaux porte le nom de marègue. Les bonnes marègues sont composées de laine et de crin. Hasparren, Bayonne, Lodève, Clermont-l'Hérault sont les pays où se fabrique cet article.

TABLE DES VILLES DE FABRIQUE ET DES GENRES OU ELLES EXCELLENT.

NOMS DES VILLES.	LEUR FABRICATION.
ANGERS..........	Bonnets brodés mécaniquement, flanelles chaîne fil et chaîne coton.
ALENÇON.........	Toiles demi-blanc, serviettes, nappes.
AMIENS..........	Cachemire, anacoste, parisienue, velours.
LA BASTIDE ROUA-ROUZE..........	Drap, prix moyen.
BESSÉ...........	Futaine, cotonnades bleues, meunières, lucifer.
BAYONNE.........	Marègue.
BEAUVAIS........	Tapis, molleton, flanelles pour robes.
BAR-LE-DUC......	Toiles matelas, prunelles, étoffes à pantalon.
BERNAY..........	Bonneterie.
TROYES..........	Bonneterie, doublures, finettes grises et blanches.
CARCASSONNE.....	Drap noir et drap fantaisie bon marché.
CHOLET..........	Toiles blanches fines, mouchoirs fil, flanelles, futaines.
CHERBOURG.	Couvre-pieds.
CAMBRAI.........	Toiles fines, mouchoirs.
CASTRES.	Péruviennes.
CLERMONT - L'HÉRAULT.........	Marègue.
COURS...........	Couvertures coton blanc, cabri, grison.
VILLEFRANCHE...	Doublures en tous genres, finettes, clairvaux.
LODÈVE..........	Marègue.
ÉVREUX..........	Coutils à lit, coutils lacet bleu.
FALAISE	Bonneterie de coton.

NOMS DES VILLES.	LEUR FABRICATION.
LISIEUX.............	Draps imprimés, toiles.
VIRE..............	Draps, qualité ordinaire.
LOUVIERS.........	Draps, belle qualité.
NIMES............	Châles, tapis, flanelle.
SAINT-PONS.......	Draperie ordinaire.
TOURS...	Soierie pour ameublements, passemen-terie, tapis.
LOCHES...........	Draps petite laize, vieille fabrication.
VIENNE...........	Draps, qualité ordinaire.
ROMORANTIN.....	Draps, articles spéciaux pour la troupe.
ROANNE...........	Cotonnade en tous genres, doublures, vichys.
LE PUY	Dentelles.
NANTES...........	Futaines, cotons cardés.
ORLÉANS.........	Couvertures de laine, bonneterie de coton, couvre-pieds.
REIMS............	Flanelles en tous genres, mérinos, ca-chemire, draps légers.
LAVAL............	Coutils à pantalon.
MAYENNE........	Coutils à pantalon, mouchoirs.
NANCY...........	Broderie en tous genres, bonnets bro-dés.
LUNÉVILLE.......	Bonneterie de coton.
LYON............	Foulards, velours, soierie en tous genres.
LE MANS........	Toiles, spécialité de toiles de chanvre.
SAINT-CALAIS....	Cotonnades bleues à la main.
PARIS............	Cravates, articles fantaisie, confection pour hommes et pour dames.
ROUEN...........	Meubles, cotonnades, mouchoirs, toiles coton, etc.
LIMOGES.........	Flanelles laine et coton.
SAINT-DIÉ........	Articles pour pantalon, et chemises de couleur.

NOMS DES VILLES.	LEUR FABRICATION.
HASPARREN......	Marègue
LAVELANET......	Draperie bon marché.
HASPARREN......	Marègue.
THIZY	Doublures en tous genres, péruviennes, bourrettes.
SAINT-PIERRE-LES CALAIS.........	Tulles, imitation, dentelles bon marché.
BAILLEUL.........	Valenciennes.
CHEMILLÉ.........	Couvre-pieds.
VILLERS - BRETON-NEUX..........	Bonneterie de laine, gilets de laine.
ROUBAIX.........	Lainages, articles pour robes et pantalons, alpagas.
CONDÉ..........	Retords rayés, prunelles, satins, matelas, oxforts.
FLERS...........	Coutil à lit, matelas, oxfort, retord.
LA FERTÉ-MACÉ..	Toiles, coutils à lit.
LA FERTÉ-BERNARD..........	Toiles à la main, quinepeux, paillasses.
ÉPINAL..........	Calicots, doublures écrues en tous genres.
DIEULEFIT.......	Molletons, draperie bon marché.
OAIX...........	Gilets de laine.
MAZAMET........	Molletons, draperie bon marché.
VOUVRAY........	Bonnets brodés.
CHATILLON - SUR-LOING.........	Couvertures de laine.
GUISE...........	Lainages.
OLORON SAINTE-MARIE	Couvertures laine.
SEDAN..........	Draperie noire, draps matelassés.
CLERMONT.......	Cotons cardés.
LILLE..........	Toiles en tous genres, coutils rayés fil.
ARMENTIÈRES....	Toiles bon marché.

NOMS DES VILLES.	LEUR FABRICATION.
ELBEUF.........	Belle draperie.
SAINT-QUENTIN...	Piqués, mousselines à rideaux, nan-souks, broderie mécanique.
TARARE.........	Mousselines en tous genres. Tangeps.
COURTRAY.......	Toiles blanches.
AMBOISE........	Couvertures de voyage, tapis.
SAINT-ÉTIENNE...	Velours.
CHATEAUROUX....	Draps pour la troupe.

TISSUS GÉNÉRALEMENT EMPLOYÉS POUR CONFECTIONNER LES DIVERS VÊTEMENTS D'HOMMES ET DE FEMMES, ET QUANTITÉS EMPLOYÉES.

NOMS DES VÊTEMENTS.	TISSUS généralement EMPLOYÉS.	QUANTITÉS.
Pantalon..........	Drap, moleskine, coutil, etc.............	1m20 en 1m 40
Gilet............	Drap, moleskine, coutil, etc	2m50 en 0m70 0m35 en 1m40
Jaquette drap....	Drap, moleskine, coutil, etc.............	0m70 en 0m70 1m80 en 1m40
Redingote........	Drap noir............	2m
Habit............	Drap noir	2m
Veston...........	Drap fantaisie.......	1m60 en 1m40
Gilet flanelle sans manches.........	Flanelle rouge ou blanche..............	1m60
Gilet flanelle avec manches.........	Flanelle rouge ou blanche..............	2m20
Chemise..........	Toile, toile coton, flanelle, cretonne......	3m en 0m80
Pantalon, dame...	Calicot, finette, percale.	2m en 0m80
Jupon............	Calicot, finette, percale, piqué.............	4m
Camisole.........	Finette, piqué, calicot.	2m
Caraco...........	Vichy, pilou, flanelle, drap..............	2m en 0m80
Tablier, femme....	Vichy, ménage, cotonnade, retord........	1m10

NOMS DES VÊTEMENTS.	TISSUS généralement EMPLOYÉS.	QUANTITÉS.
Sarraux, d'enfant..	Croisé noir, coton bleu et blanc............	1^m50
Blouse..........	Retord, toile, prunelle.	2^m50
Corset	Coutil gris et blanc en 140^c de largeur......	0^m50
Visite..........	Mérinos double, cachemire..............	2^m
Manteau, dame....	Mérinos double, cachemire, drap..........	2^m
Jaquette, dame....	Mérinos double, drap.	2^m
Rotonde.........	Drap, cachemire......	3^m
Capote, femme ...	Drap...............	3^m30
Limousine.......	Marègue............	7^m50
Carrik..........	Drap...............	1^m50
Voile blanc.......	Mousseline..........	3^m
Voile deuil.......	Crêpe noir..........	1^m

LITERIE AMEUBLEMENTS.

Lit de plume.....	Coutil à lit..........	4^m20
Matelas..........	Coutil rayé, toile matelas, damassé.......	4^m20
Sommier	Coutil rayé, damassé, en 1^m80...........	2^m20
Paillasse	Toile matelas........	5^m
Draps de lit......	Toile de 1^m10 à 1^m20..	5^m50
Couvre-pied.......	Cretonne meuble, dessus et dessous.......	10^m
Courte-pointe.....	Cretonne meuble.....	6^m
Édredon..........	Satinette et percaline en 1^m80...........	2^m50
Rideaux de lit....	Cretonne meuble.....	40^m

NOMS DES VÊTEMENTS.	TISSUS généralement EMPLOYÉS.	QUANTITÉS.
Traversin.........	Coutil à lit..........	1^m10
Oreiller	Coutil à lit.........	0^m70
Housse de fauteuil.	Coutil rayé fil en 1^m40	2^m
Housse de canapé..	Coutil rayé fil en 1^m40	4^m50
Doubles rideaux fenêtre	Cretonne meuble en 0^m80	11^m

DOUBLURES.

Corsage de robe...	Percaline et satinette en 0^m80 de largeur..	2^m50
Manches de gilet..	Croisé noir en 1^m.....	0^m60
Faux-ourlet.......	Alpaga, Anacoste en 0^m65	1^m50
Intérieur de vêtement d'hommes..	Satin de Chine, sergé en 1^m80...........	1^m10
Doublures de manches de vêtements d'hommes	Mignonnettes, croisés en 0^m90...........	0^m80
Doublures de pantalon	Clairvaux, futaine, croisé glacé........	1^m
Doublure de gilet..	Clairvaux, futaine, croisé glacé.	1^m20
Dos de gilet......	Croisé glacé noir....	0^m70

On se rendra facilement compte, après un examen attentif de ce tableau, du métrage nécessaire pour confectionner tous les vêtements.

Ces données suffiront pour permettre à l'employé le plus inexpérimenté de renseigner son client sur la quantité d'étoffe qui lui est nécessaire.

Je me suis basé dans la confection de ce tableau sur des personnes de taille moyenne, et j'ai fait mes calculs sur les largeurs d'étoffe les plus communément employées. Lorsqu'il s'agira, par hasard, de confectionner les mêmes vêtements avec des étoffes de largeurs autres que celles sur lesquelles je me suis basé, le lecteur n'aura qu'un très petit effort d'intelligence à faire pour opérer la transformation du métrage que j'ai indiqué.

SOINS A DONNER AUX ÉTOFFES

Si l'on tient à avoir des marchandises toujours fraîches et un magasin d'une propreté irréprochable, chaque soir on couvrira soigneusement avec des toilettes tous les articles fragiles qui sont soit dans les étalages soit sur les comptoirs.

Le matin, après avoir balayé, on époussetera vigoureusement toutes les pièces qui sont en rayon et tous les comptoirs.

Dans le rayon de draperie, tous les draps noirs devront être enveloppés, la poussière ayant sur eux une influence des plus pernicieuses.

Les velours à côtes se froissent assez facilement ; de tous les moyens de les conserver, c'est l'habitude de les rouler qui donne les meilleurs résultats.

Les toiles bleues à blouses devront être enveloppées et roulées. Il ne faudra jamais faire dosser cet article, qui se défraîchit facilement sur le côté double.

Les toiles blanches, les flanelles de santé, les finettes, les mousselines, les piqués doivent être soigneusement enveloppés; les dentelles, les tulles, les broderies en tous genres doivent être roulés sur de petits plateaux, et rangés avec beaucoup de précaution dans des cartons.

Dans le rayon de deuil, il est indispensable de tout rouler et de tout envelopper.

Enveloppez également toutes vos soieries, toutes vos fantaisies pure laine, et 'ayez des boîtes ou des casiers pour placer vos châles.

Prenez l'habitude en vendant, autant que faire se pourra, de lever toujours sur le dessus des pièces, afin de les maintenir constamment fraîches.

Il faut éviter de poser quoi que ce soit sur les velours, que le moindre froissement détériore.

Lorsqu'on pliera une pièce, il faut avoir soin de bien la serrer, et de toujours l'aligner du côté de l'étiquette.

Il faudra toujours se mettre deux pour plier convenablement la draperie.

Toutes les pièces roulées devront être quintées, c'est-à-dire marquées d'un fil à tous les cinq mètres. En ne négligeant point cette précaution, on aura le double avantage, et de se rendre compte si les fournisseurs ne vous trompent point sur les quantités facturées, et de rendre les inventaires beaucoup moins ouvrageux; une pièce quintée étant très vite mesurée.

Comme système de marque, les étiquettes en carton attachées avec du fil devront être préférées aux étiquettes à cheval attachées avec des épingles.

Une étiquette doit contenir les renseignements suivants :

I. La date d'entrée : 9ᵉ mois 1884.
II. Prix coûtant en lettres : *n. Bg*.
III. Nom du fournisseur : Besnard et Compain.
IV. Nom de l'article : Sergé pure laine.
V. Prix de détail : 8ᶠ50 le mètre.
VI. Prix marchand, ou prix intermédiaire entre le prix coûtant et le prix de détail : *rr*.

Il sera souvent utile d'avoir des étiquettes de couleurs différentes. pour marquer certains articles d'un même rayon. L'adoption de ce système simplifie beaucoup les recherches au moment de la vente. Dans le rayon de deuil, par exemple, où tous les articles se ressemblent, il rend de signalés services.

Les doublures, et en général tous les objets teints en gris, devront être placés dans les endroits les plus secs du magasin, l'humidité ayant l'inconvénient de faire piquer tous les Gris.

Enfin, comme conclusion, je recommande le pliage à l'envers de tous les articles que l'air peut ternir ou détériorer, tels que : draperie, tapis, articles pour ameublements, cachemires blancs, velours, moleskines, coutils, etc.

TISSUS ÉTRANGERS

———

Quelque désir que nous ayons de voir les magasins de nouveautés de notre pays préférer les produits nationaux à ceux de fabrication étrangère, il est certains genres où nos voisins ont sur nous une telle supériorité que ne pas le reconnaître serait de l'aveuglement, et persister à ne pas donner dans ses assortiments la préférence à ces articles, dont la supériorité est incontestable, serait s'exposer à causer un réel préjudice à sa maison.

Parmi les articles où nos voisins excellent, je citerai :

Les velours de coton à côtes et unis fabriqués en Angleterre; supérieurs aux velours d'Amiens pour la souplesse et la pureté des teintes; les velours côtelés anglais devront

toujours être préférés aux velours français
quand on dépassera le prix de 2 fr. 50.

Les ratinés bon marché, les melton (draps
pour confection), les alpagas, les pachas, sont
livrés par les fabriques anglaises à un prix
tellement surprenant de bon marché, qu'aucune ville manufacturière de France n'a
songé jusqu'ici à engager, d'une façon
sérieuse, la lutte avec nos voisins d'outre-
Manche, pour la fabrication de ces articles.

Les Allemands excellent également dans
la fabrication des velours unis et frappés,
et leurs produits sont de beaucoup supérieurs à tout ce que nous avons pu faire
jusqu'à ce jour.

Zurich fait à la ville de Lyon une concurrence redoutable pour ses foulards surrah
et les soies bon marché.

Ses tissus rouges, lisses, croisés et satins
sont également meilleur marché que tout
ce que nous faisons en France.

Les broderies de Saint-Gall concurrencent aussi d'une façon inquiétante pour

l'avenir les broderies de Nancy et de Saint-Quentin.

Les valenciennes de Belgique sont partout renommées, tant par la perfection de leur fabrication que par leur bon marché relatif. On fabrique également, dans ce pays, des moleskines d'une solidité de teint, comme on ne sait point ou comme on ne veut point en faire en France; cet article, malgré l'énorme droit de 15 % dont il est frappé à la frontière, nous est livré meilleur marché que les tissus de même nature fabriqués dans notre pays.

Les quelques articles dont je viens de citer les noms, ne représentent qu'un chiffre bien infime, relativement à l'étendue de la production française; pour tous les autres tissus, nous le reconnaissons avec un vif sentiment d'orgueil et de satisfaction, la supériorité des produits français est incontestable, et ils peuvent partout soutenir avantageusement la concurrence étrangère.

L'ESCOMPTE

Tout négociant qui paie à 30 jours a généralement sur toutes les places de fabrique où il fait ses achats un escompte de 2 ou 3 %. Quand on considère qu'une maison qui achète pour 100,000 fr. de marchandises dans son année, et qui règle à 30 jours, a sur une autre maison concurrente, qui ne règle qu'à 90 jours, un avantage de 3,000 francs, on doit juger combien il est important de payer tous ses fournisseurs de façon à profiter de l'escompte.

Un certain nombre de villes ont adopté un escompte supérieur à 3 % ; il est bon d'en être instruit, afin de ne jamais manquer d'en bénéficier. Cet escompte n'est quelquefois pas général pour toute la fabrication d'une place, il est parfois limité à quelques articles; c'est ce que nous allons nous attacher à bien distinguer dans le tableau qui va suivre.

L'escompte de 3 % étant le plus généralement adopté, nous n'allons citer dans ce tableau que les places ou articles de ces places où l'escompte est supérieur à 3 %.

VILLES.	NOMS des ARTICLES.	TAUX de l'escompte.
ANGERS..............	Flanelles.............	4 %.
AMIENS.............	Velours.............	12 %.
LA BASTIDE-ROUAI-ROUZE............	Drap	5 %.
BESSÉ...............	Futaines	5 %.
CARCASSONNE.......	Drap	10 %.
CASTRES	Péruvienne..........	10 %.
SAINT-PONS.	Drap	5 %.
VIENNE.............	Drap	5 %.
NANTES.............	Futaine.............	5 %.
ORLÉANS...........	Couvertures........	5 %.
REIMS.............	Flanelle de santé	13 %.
LYON	Soie en pièces, satin, velours..........	15 %.
—	Foulards	5 %.
ROUEN...........	Cotonnades, doublures, mouchoirs........	5 %.
LIMOGES...........	Flanelles.............	4 %.
LAVELANET	Drap	5 %.
BAILLEUL..........	Dentelles............	5 %.

VILLES.	NOMS des ARTICLES.	TAUX de l'escompte.
VILLERS - BRETON-NEUX............	Gilets de laine.......	10 %.
DIEULEFIT.........	Molletons...........	10 %.
CAIX.............	Gilets de laine.......	10 %.
MAZAMET.........	Draps et molletons...	5 %.
VOUVRAY..........	Bonnets brodés......	5 %.
NANCY...........	Broderie en tous gen-res..............	5 %.
CHATILLON - SUR - LOING...........	Couvertures.........	6 %.
CHOLLET..........	Futaines...........	5 %.
CONDÉ...........	Retords et vichys....	5 %.
ROUBAIX.........	Escompte très varia-ble, suivant les fa-bricants, allant de 5 à 20 %.........	
ELBEUF..........	Draps noirs........	6 %.
ELBEUF..........	Draps fantaisie. Escompte très variable sui-vant les fabricants, allant de 5 à 18 %. Les vendeurs des fa-briques de draperie, sur la de-mande des acheteurs, donnent les prix de leurs marchandises net, sans aucun escompte.	

COMMISSION

Si certains fabricants veulent bien entrer directement en relation avec les maisons de détail, il en est d'autres qui préfèrent écouler leurs produits en les vendant à des commissionnaires qui se chargent de (?) faire voyager et de les placer dans le commerce du détail.

A Rouen, Elbeuf, Flers, Condé, Roubaix, Reims, les choses se passent ainsi ; les fabricants des autres villes ne dédaignent généralement pas d'aller visiter eux-mêmes la clientèle et visent à supprimer le commissionnaire.

Le commissionnaire est un intermédiaire coûteux, et fabricants et commerçants lui paient chaque année un large tribut. Il gagne peu, il fait la commission à 2 % ; et,

tout en faisant très consciencieusement la
commission à ce taux, il trouve le moyen
de réaliser un bénéfice de 6 à 8 % sur l'ensemble de ses affaires.

Comment arrive-t-il à ce résultat? D'une
façon bien simple.

Chaque fabricant adopte un prix pour ses
produits, et écoule à ce prix les articles de
sa fabrication aux acheteurs qui viennent les
demander.

Aux entrées de saison, chaque commissionnaire s'en va trouver un des fabricants
de la place qu'il exploite, et lui dit:

Cet article que vous cotez 1 fr. 50, à
combien me le laisserez-vous si je vous en
achète 2,000 pièces à forfait?

Le fabricant, séduit par l'assurance du
débouché qui lui est offert, baisse de 10 ou
15 centimes.

Le commissionnaire lance en route son
escouade de voyageurs; ils ont en leur possession toutes les collections de la place,
mais il leur est expressément recommandé
de forcer la vente sur les produits de tel ou

tel fabricant. Que l'affaire traitée soit avantageuse ou non, l'ordre est donné, les voyageurs doivent s'y conformer. La carte forcée réussissant en moyenne 99 fois sur 100, voilà comment en vendant la marchandise, moyennant une commission modique de 2 à 3 %, ces industriels arrivent à réaliser un bénéfice de 8 à 10 % sur l'ensemble de leurs affaires.

Acheter à la commission est généralement synonyme de : *Bien opérer, acheter bon marché.* Cette interprétation est loin d'être toujours exacte. La commission la plus consciencieuse masque toujours un bénéfice secret, et, autant qu'il le pourra, l'acheteur devra toujours de préférence traiter directement avec le fabricant.

La commission prélevée par le commissionnaire est généralement de 2 à 3 % ; certaines maisons prélèvent en plus un demi pour cent pour frais d'emballage.

TEINTURE ET COULEURS

Il y a deux choses à considérer dans une étoffe : la qualité et le teint. Si un chef de maison, soucieux de bien servir sa clientèle, doit examiner attentivement à leur arrivée toutes ses marchandises, et se rendre compte en examinant leur texture, si elles sont de bonne qualité, il doit veiller non moins attentivement à s'assurer de la solidité du teint des tissus qu'il reçoit. Les lainages noirs, mérinos, cachemires, qui sont tous des articles d'un certain prix, devront être l'objet d'un examen tout particulier. Tout tissu noir bon teint résistera sans s'altérer à un séjour de quelques minutes dans de l'acide muriatique. J'ai vu cependant des noirs sortir victorieux de cette expérience, et s'altérer après des lavages réitérés. Aussi, le procédé suivant, qui

4

est des plus simples, m'a-t-il paru plus sûr
que le contact des acides, pour m'assurer du
teint de toutes mes étoffes, tant noires que
de couleur.

Je mets bouillir pendant dix minutes dans
de l'eau additionnée de soude et de savon
l'objet à essayer, je savonne pendant quelques minutes et je rince à l'eau froide.

Tout objet qui sortira de cette épreuve
sans que la couleur se soit altérée, pourra
être considéré comme très grand teint.

Les caprices de la mode, qui portent parfois avec une rapidité étonnante les clients
à s'éprendre des couleurs qu'il détestaient la
veille, et à abandonner tout d'un coup celles
qui paraissaient le mieux leur plaire, cau-
sent aux marchands de nouveautés un préjudice considérable. Lorsqu'il s'agit d'étoffes
bon marché, on s'en console en soldant avec
perte ; mais lorsque les marchandises ainsi
dépréciées sont des draps ou autres tissus
pure laine d'un grand prix, on éprouve un
certain dépit d'être forcé d'abandonner pour
3 francs ce qui vous en a coûté 10.

L'art de la teinture a fait depuis quelques années des progrès considérables ; aujourd'hui on teint et on réapprête les draps avec une perfection à laquelle on n'était pas encore arrivé jusqu'à ce jour. Aussi, je recommande à tous les marchands de nouveautés qui ont dans leurs rayons des draps clairs de belle qualité, de ne point s'empresser de les abandonner à vil prix aux soldeurs. Leurs tissus retrouveront leur valeur en les faisant teindre par une maison outillée pour ce genre de travail.

Les bleus foncés, les verts très foncés, les nuances Loutre et Marron sont celles qui rendront le mieux à la teinture et que l'on devra préférer.

Lorsqu'une étoffe a été teinte, il est très important de lui donner l'apprêt qui lui convient le mieux ; c'est au négociant intelligent de savoir distinguer quel est celui qu'il importe d'appliquer à tel ou tel tissu.

Un simple apprêt vapeur convient pour les tissus d'assez bonne qualité.

Un apprêt gomme, pour ceux de qualité inférieure.

L'apprêt gras de Condé convient pour les retors, les ménages, et en général pour tous les articles dont on veut augmenter l'épaisseur sans leur donner de dureté.

Il nous a semblé utile de faire suivre ces observations d'un certain nombre d'adresses des teinturiers les plus renommés, auxquels les négociants qui achètent en écru pourront faire faire leurs teintures, ou replonger les coupes défraîchies ou démodées qui ne sont plus vendables.

NOMS des TEINTURIERS.	ADRESSES.	GENRES où ils EXCELLENT.
BOSSARD LACASSAIGNE.	*Reims* ...	Lainages couleurs.
BELLOT ET DOUIN ...	*Reims* ...	Lainages couleurs.
HOUPIN	*Reims* ...	Lainages noirs.
LAVAL	*Reims* ...	Lainages noirs et couleurs.
NEUVILLE FRÈRES ...	*Reims* ...	Lainages.
LETOURNEUR	*Rouen* ...	Doublures, articles coton.
THUILIER	*Rouen* ...	
DESCHAMPS FRÈRES ..	*Rouen* ...	
BOURGIN	*Courbevoie.*	Lainages, cachemires blancs.
BONVALLET	*Amiens* ..	Velours.

NOMS des TEINTURIERS.	ADRESSES.	GENRES où ils EXCELLENT.
DUFFOSSET.........	*Amiens..*	Velours.
LAVALLART.........	*Amiens..*	Velours.
LAROZIÈRE.........	*Amiens..*	Velours.
BERTRAND.........	*Amiens..*	Velours d'Utrecht.
GONTIER...........	*Amiens..*	Velours d'Utrecht.
BERTHET..........	*Lyon....*	Soie.
BREDIN FRÈRES.....	*Lyon....*	Soie.
BUENERD ET Cie.....	*Lyon....*	Soie.
FONSALLA..........	*Roanne..*	Draps, étoffes laine et coton.
CHALLAND.........	*Roanne..*	Coton.
GERBAY ET VERNAY.	*Roanne..*	Draps, étoffes laine et coton.
DERMET...........	*Roanne..*	Coton.
DAVID............	*Roanne..*	Coton.
ASSIRE...........	*Elbeuf...*	Draps.
BLAY FRÈRES.......	*Elbeuf...*	Draps.
THUILLIER.........	*Elbeuf...*	Draps.
LETOURNEUR.......	*Elbeuf...*	Draps.
HULOT ET BERRUYER.	*Elbeuf...*	Draps.
VAUCHER ET Cie.....	*Troyes...*	Cotons en tous genres.
PLANQUE FRÈRES....	*Lille....*	Toiles bleues.

Les couleurs jouent un grand rôle dans l'industrie des tissus; dans la fabrication des étoffes à robes, surtout, chaque saison amène

4.

avec elle une nuance nouvelle que l'on baptise
d'un nom de circonstance.

Les mêmes couleurs sont ressuscitées pé-
riodiquement après avoir dormi dans le sommeil de l'oubli pendant quelques années.

La mode les acclame, le public les admire,
et, affublées d'un nom nouveau, elles font
irruption aux étalages de nos grands magasins de nouveautés, avec cette étiquette pom-
peuse, qui semble annoncer une découverte :
Nuance nouvelle.

En réalité il n'y a rien de nouveau, ce n'est
qu'une résurrection.

Il nous a semblé intéressant de donner connaissance aux lecteurs des nombreux noms
de nuances dont on a teint les tissus jusqu'à
ce jour, et qui représentent à peu près toutes
les couleurs connues.

TABLEAU DES NUANCES ET COULEURS.

Rouge.	Lie de vin.	Puce.
Orange.	Brun.	Mastic.
Jaune.	Amarante.	Chamois.

Vert.	Cramoisi.	Gris.
Bleu.	Alezan.	Richelieu.
Indigo.	Bronze.	Cardinal.
Violet.	Vigogne.	Myrte.
Aurore.	Vert-dragon.	Beige.
Palliacat.	Carmélite.	Acajou.
Cerise.	Aile de mouche.	Paon.
Rose.	Saphir.	Méphisto.
Lilas.	Réséda.	Andrinople.
Mauve.	Grenat.	Incarnat.
Mordoré.	Ponceau.	Vieil or.
Giroflée.	Crème.	Mousse.
Olive.	Tilleul.	Paille.
Rouille.	Marron.	Saumon.
Café.	Crevette.	Cachou.
Nankin.	Loutre.	Garancine.
Noir.	Bleu marine.	
Marron.	Gros vert.	

VÊTEMENTS SUR MESURE

La tendance des clients à acheter leurs vêtements tout confectionnés, ou tout au moins à ne plus vouloir se charger de les faire faire, amènera forcément les magasins de nouveautés à avoir chez eux des ateliers, et à faire exécuter sous leur surveillance les commandes qui leur seront confiées.

C'est surtout pour les vêtements d'hommes que cette tendance s'est le plus accentuée, et d'ici à quelques années les maisons qui auront résisté à ce mouvement verront disparaître leur rayon de draperie. Les draps, comme tous les autres articles, sont marqués au mètre ; lorsqu'un client vient commander un pantalon, un gilet ou tout autre vêtement, c'est tout un détail pour établir le prix de vente,

si on veut le faire d'une façon équitable, en
rapport avec la quantité d'étoffe employée.

J'ai imaginé à cet effet un tableau où tous
les calculs sont faits à l'avance ; les doublures
et les façons sont comptées d'après les prix
moyens. Sans être forcé de suivre à la lettre
les indications de ce tableau, il n'en sera pas
moins d'une incontestable utilité pour tous
ceux qui font les vêtements sur mesure.

TARIF DES VÊTEMENTS SUR MESURE.

PRIX du mètre DE DRAP.	PANTALON.	GILET.	VESTON.	JAQUETTE.	REDINGOTE.	PARDESSUS.
fr.	fr.	fr.	fr.	fr.	fr.	fr.
8	14	8,50	30	36	40	36
9	16	9	34	39	42	39
10	17	10	36	42	45	43
11	18	10,50	38	44	48	46
12	19	11	40	46	50	49
13	20	11 50	42	48	52	52
14	22	12	44	50	54	55
15	23	12,50	46	52	56	58
16	24	13	48	54	58	60
17	25	13	50	56	60	62
18	27	13,50	52	58	62	65
19	28	14,50	54	60	65	68
20	29	15	56	62	67	70
21	30	16	60	64	70	74
22	32	16,50	62	66	72	78

TARIF DES VÊTEMENTS SUR MESURE (suite):

PRIX du mètre DE DRAP.	PANTALON.	GILET.	VESTON.	JAQUETTE.	REDINGOTE.	PARDESSUS.
fr.	fr.	fr.	fr.	fr.	fr.	fr.
23	34	17	64	68	75	80
24	36	17,50	66	70	78	82
25	38	18	66	72	80	85

Redingotes croisées, 5 francs de plus que les droites. — Habits, 2 francs de plus que les redingotes droites.

La bordure et les cols de velours se comptent en supplément; col velours tramé, 2 francs; pur soie, 3 francs; bordure, 3 fr.

PRIX COMPTÉS pour les façons.	Pantalon, 4 fr. Gilet, 4 fr.	Veston, 15 fr. Jaquette, 16 fr.	Redingote, 18 fr. Pardessus, 18 fr. Habit, 20 fr.

FOURRURES

Je ne veux point entreprendre de donner ici la nomenclature de tous les articles de fourrures et faire aux lecteurs de ce manuel un cours de pelleterie ; je veux seulement passer en revue, d'une façon très sommaire, les divers emplois des fourrures, et donner le nom de celles qui sont les plus renommées. Je vais faire suivre le nom de toutes celles que je vais citer du prix pratiqué par certaines maisons de pelleterie de Paris ; mes lecteurs me sauront gré, j'en suis sûr, de leur avoir fourni ces quelques renseignements.

MANCHONS POUR DAMES.

		fr.		fr.
Castor des Indes................	de	5 »	à	10 »
Marmotte naturelle.............		6 »		14 »
Loutre belge.................		8 »		12 »
Petit-gris		11 »		18 »

	fr.	fr.
Astrakan moiré................	de 7 »	à 12 »
Astrakan bouclé	15 »	45 »
Putois.......................	20 »	88 »
Oppossum	10 »	16 »
Skungs du Canada............	20 »	30 »
Renard argenté..............	150 »	250 »
Martre du Canada	35 »	800 »

MANCHONS POUR ENFANTS.

Fausse hermine..............	de 2,50	à 8 »
Petit-gris	8 »	11 »
Cygne........................	7 »	8 »
Castor des Indes..............	4 »	4,50
Marmotte....................	4 »	6 »
Astrakan.....................	5 »	5,50
Chinchilla....................	12 »	16 »
Opossum	5 »	6 »

SOUVAROW.

Opossum.....................	de 80 »	à 40 »
Loutre belge..................	20 »	25 »
Castor des Indes	20 »	28 »
Astrakan perse...............	80 »	120 »
Skungs.......................	70 »	100 »

BOAS AVEC CORDELIÈRES.

Fausse hermine..............	de 2 »	à 2,50
Zibelinette...................	3 »	5 »
Petit-gris moyen..............	8 »	15 »
Renard noir..................	15 »	80 »
Opossum d'Amérique..........	8 »	14 »
Vison du Canada..............	18 »	80 »

BANDES DE FOURRURES
POUR GARNITURES (LARGEUR 8 CENT.).

		fr.	fr.
Opossum d'Amérique	de	6 » à	8 »
Castor loutre.................		6 »	10 »
Hermine.....................		12 »	20 »
Martre du Canada........../.....		35 »	60 »
Renard argenté..............		250 »	400 »
Skungs du Canada............		11 »	20 »
Labrador....................		45 »	80 »

ROTONDE CACHEMIRE.

Ventre de gris..............	depuis	50 »
Dos de gris.................	»	90 »

ROTONDE SICILIENNE.

Ventre de gris	depuis	95 »
Dos de gris.................	»	180 »

NAPPES POUR VÊTEMENTS DE DAMES.

Ventre de gris..............	de	10 » à	15 »
Dos de gris.................		20 »	30 »
Kalouga....................		7 »	12 »
Hermine de Russie...........		60 »	100 »
Hamster....................		15 »	22 »
Civette....................		100 »	150 »

TERMES TECHNIQUES

―――♣♣♣♣♣―――

Chaîne et trame.

Dans un tissu, on donne le nom de chaîne aux fils qui sont placés dans le sens de la longueur de l'étoffe.

Les fils que les tisserands font passer transversalement avec la navette entre les fils de la chaîne forment ce qu'on appelle la trame.

La chaîne est simple lorsqu'elle est formée d'un seul fil, elle est double, lorsqu'elle est formée de deux fils joints ensemble.

Lorsque ces deux fils ont subi une certaine torsion avant le tissage, on dit que le tissu est chaîne retors.

Par suite de ces diverses combinaisons, s'appliquant aussi bien à la trame qu'à la chaîne, on distingue donc :

Les tissus chaîne simple et trame simple;

Les tissus chaîne double et trame simple;

Les tissus chaîne double et trame double;

Les tissus chaîne retors;

Les tissus chaîne et trame retors, qui sont ceux qui présentent les meilleures garanties de durée, au point de vue de la solidité et du teint.

Les tissus chaîne double et trame simple forment la plus mauvaise combinaison; presque tous les tissus ainsi composés ont l'inconvénient de se trancher.

Côte.

On distingue dans les velours trois grosseurs de côte : *la Grosse Côte*, la *Demi-Côte* et le *Cannelé*. Il est important de bien préciser celle que l'on désire lorsqu'on fait une demande par correspondance. Le drap côtelé porte le nom de Duité, les lainages côtelés pour robes portent les noms d'Épinglés et d'Ottoman.

Diamant.

Le mot Diamant est employé pour désigner un petit dessin de la forme d'un losange, qui est très demandé en piqué blanc et en drap matelassé.

Pékin.

On donne le nom de Pékin à tout tissu rayé sur fond uni.

Double face.

Tout tissu imprimé des deux côtés porte le nom de : Double face. On a des meubles double face et des cotons imprimés double face.

Tailles pour les objets confectionnés.

Dans les ateliers de confection pour hommes et pour dames, c'est la grosseur de poitrine qui sert de base pour déterminer la grandeur d'un vêtement.

Les tailles les plus courantes sont de 44 à 48 centimètres ; les tailles extrêmes, 40 et 66 centimètres.

Les fabricants de bonneterie pour désigner la taille de leurs caleçons et de leurs gilets se servent du pouce. Ils ont toutes les tailles, depuis le 30 jusqu'au 40 pouces.

Le 36 pouces en caleçons est la taille la plus communément demandée, celle par conséquent dans laquelle il faut acheter les plus grandes quantités en faisant ses assortiments.

Les fabricants de Gilets de laine et de Gilets de coton emploient pour désigner les tailles de leurs produits la classification suivante :

Cadet, Page, Homme, Demi-Patron, Patron.

Le Demi-Patron est la taille la plus souvent demandée.

2 et 1, et 2 et 2.

Deux fils bleus et un fil blanc font ce qu'on appelle dans un tissu du 2 et 1 ; 2 fils bleus et 2 fils blancs font du 2 et 2.

Ce terme est très usité pour désigner la disposition dans les retors rayés pour blouses et dans les cotonnades.

Base pour le prix des toiles coton.

En terme de Rouennerie, lorsqu'on dit que les toiles de coton de tel fabricant se vendent « base 47 centimes », cela veut dire qu'une toile de coton pesant 16 kilogr. les 100 mètres est vendue 47 centimes le mètre.

C'est le poids de 16 kilogr. qui sert de base, et pour connaître le prix des autres poids, on convient, par exemple, que l'on montera de 3 centimes par kilogr. et que l'on baissera d'autant, en allant vers les poids inférieurs.

Ainsi, une pièce pesant 18 kilogr. les 100 mètres vendue « base 47 centimes », vaudra 0 fr. 53 centimes.

Apprêt des calicots.

Le calicot apprêté porte le nom de : *Blanc chiffon;* le calicot sans apprêt celui de : *Blanc fleur.* On fait depuis quelque temps, sous le nom de *Blanc fleur soutenu,* un apprêt intermédiaire, bien goûté par les consommateurs.

Croisure de mérinos.

Toute étoffe croisée a un certain nombre de croisures dans un espace déterminé. Du nombre des croisures dépend la qualité et, par conséquent, le prix de la marchandise.

On se sert, pour compter les croisures, d'un petit instrument appelé : *Compte-fils*, qui donne instantanément le nombre de croisures contenues dans un quart de pouce et dans un centimètre carré. Les mérinos et les cachemires s'achètent tous à la croisure.

Toiles bleues.

Les toiles bleues pour blouses sont susceptibles de recevoir deux apprêts bien distincts.

Suivant l'apprêt qui leur a été donné, elles portent les noms de *Toiles calandrées* ou de *toiles sans calandre.*

Comme bleus, il y a les bleus ordinaires et les bleus cuivrés, c'est-à-dire très foncés.

Les bleus remontés, qui tirent sur le violet, sont tous mauvais teint.

Qualité des couvertures.

Les fabricants ont adopté un mode de marque auquel ils se conforment presque tous pour distinguer la qualité de leurs couvertures. C'est un certain nombre de petites rayures noires pour les couvertures vertes ; rouges ou bleues pour les couvertures blanches.

Ces rayures, qui portent le nom de Rayons, sont placées à côté de la lisière.

Voici, suivant leur nombre, à quelle qualité elles correspondent :

1 rayon................	Commun.
2 rayons................	Ordinaire.
3 rayons................	Mi-fin.
4 rayons................	Fin.
5 rayons................	Surfin.
6 rayons................	Mérinos.

Les couvertures pour berceaux se font en

toutes dimensions et qualités ; 4 berceaux pour une couverture.

Largeur des tissus.

Le commerce des tissus a conservé certains termes, pour désigner la largeur des étoffes, qu'il nous a semblé bon que le lecteur connaisse :

7/8 équivaut à...............	$1^m,00$
9/8 équivaut à...............	$1^m,25$
3/4 équivaut à...............	$0^m,90$
2/3 équivaut à...............	$0^m,80$
4/4 équivaut à...............	$1^m,20$
5/4 équivaut à...............	$1^m,50$
6/4 équivaut à.....	$1^m,80$

Ces termes sont surtout usités pour désigner la largeur des toiles, des calicots et des mousselines.

Bandes brodées.

Les métiers sur lesquels sont fabriquées les bandes brodées pour jupons et garnitures n'ayant que $4^m,20$, les bandes de ces articles ont une longueur invariable de $4^m,20$.

Le négociant devra ne pas oublier cette particularité; faute de s'en souvenir, il pourrait laisser encombrer ses cartons de fausses coupes qui lui feraient perdre bien plus que son bénéfice.

Métrage juré.

Presque tous les tissus se raccourcissent en magasin, et de l'époque du pliage des pièces au moment de leur livraison, il en est qui perdent jusqu'à 2 mètres par 100 mètres. Cet inconvénient, qui était jadis une source constante de difficultés entre l'acheteur et le fabricant, est évité aujourd'hui, grâce à l'institution des métreurs jurés.

Les fabricants font mesurer leurs tissus par ces fonctionnaires, qui mettent au bout de chaque pièce un plomb constatant le métrage trouvé par eux lors du mesurage.

Grâce à ce système, quel que soit le métrage trouvé au moment de la réception de ses marchandises, si le plomb est intact, le destinataire n'a rien à réclamer à l'expéditeur.

C'est dans les tissus de Roubaix que j'ai constaté les différences de métrages les plus sensibles, différences en moins atteignant souvent jusqu'à 2 % du métrage facturé.

Mesurage sur table.

Certaines places, et particulièrement la place d'Elbeuf, ont adopté un système de mesurage des plus avantageux pour les acheteurs.

Au lieu de mesurer leurs draps à bras tendus, ce qui les tire toujours quelque peu, ils se servent du moyen appelé : *Mesurage sur table.*

Lorsque vous recevrez de la draperie d'Elbeuf, si vous la mesurez aux mètres installés dans vos magasins, vous devrez toujours trouver 1 mètre de bonne mesure sur une coupe de 20 mètres.

Sur des draps de prix élevé, une telle dif-

férence vaut la peine qu'on la fasse entrer
en compte.

Les mérinos et les flanelles de Reims doivent toujours donner au mesurage une bonne
mesure de 1 mètre par pièce.

Toiles métis.

On donne le nom de toile métis à celles
qui sont moitié fil et moitié coton. Les toiles
chaîne fil et trame coton ont l'apparence des
toiles tout coton; celles qui, au contraire,
sont chaîne coton et trame fil, ressemblent
parfaitement aux toiles pur fil.

Toiles hystasapées.

On hystasape les toiles pour les rendre im-
perméables. Lorsqu'elles ont subi cette opération qui les colore en vert, elles sont employées pour faire des bâches.

Blancs.

On distingue quatre sortes de blanc :
Le blanc bleuté;

Le blanc neige;

Le blanc mat;

Le crème.

Le bleu est préféré dans les maisons qui ont la vente de la campagne; le blanc mat et le blanc neige plaisent davantage à la clientèle de la ville.

Les blancs ne verdissent pas lorsqu'un teinturier habile et bien outillé pour ce genre de travail les a préparés; il est peu de teinturiers qui les réussissent bien. Les grandes maisons de Reims et d'Amiens font faire leurs blancs à Puteaux, près Paris; je recommande aux acheteurs de demander particulièrement les blancs de Paris; ce sont à peu près les seuls qui soient inverdissables.

Dessins et dispositions.

Les tissus à carreaux d'égale grandeur portent le nom de damiers: lorsqu'une fleurette quelconque orne le damier, c'est un damier fleuri. Ces termes sont très usités pour désignation des dessins en linge de table damassé.

On donne le nom d'écossais à une série de carreaux coupés en tous sens et de diverses couleurs.

Le grain de poudre est une sorte de granité sur un fond uni; le pointillé est formé par un fil de couleur tranchant sur le fond du tissu.

Les nattés sont des carreaux de dispositions variées formés par l'entrelacement des fils; les damassés, des fleurs ou autres dessins obtenus à l'aide des métiers Jacquart.

Les tissus brochés en tous genres sont faits à l'aide des métiers Jacquart, les brodés sont généralement faits à la main.

Les combinaisons de fils au moyen desquels on a composé les différents carreaux les plus usités en tissus de fil ou de coton ont fait donner à ces dessins les noms résultant de la combinaison des fils qui ont servi à les former.

Carreau 4 et 1, rendant très foncé, se fait surtout en articles bleus pour tabliers.

Carreau 4 et 4 ⎫
Carreau 6 et 6 ⎬ usités surtout en cotons
Carreau 8 et 8 ⎭ pour robes et tabliers.

CONSEILS POUR LES ACHATS

L'importance de la maison que l'on a à gérer doit déterminer la manière dont on doit opérer pour faire ses achats.

S'il est avantageux d'acheter directement au fabricant pour payer meilleur marché, il n'en faut pas moins tenir compte, pour faire ses achats, de l'importance de sa maison.

Je crois cependant pouvoir poser en règle générale la déclaration suivante :

Toute maison qui peut acheter des pièces entières doit opérer aussi bien dans ses achats en achetant pour mille francs de marchandises que si elle en achetait pour dix mille francs.

La bonne maison de détail peut arriver à acheter dans des conditions presque aussi bonnes que la maison de gros qui remet des

ordres beaucoup plus importants, si elle fait
des efforts pour être constamment rensei-
gnée sur le prix de toutes les marchandises.

Il existe un moyen bien simple d'arriver à
ce résultat.

Un chef de maison reçoit quelquefois dans
une même journée la visite d'une dizaine de
voyageurs ; il n'est jamais de jours sans être
sollicité.

S'il ne garde de ces visites qu'un souvenir
confus, c'est du temps absolument perdu ;
mais s'il a la précaution de noter sur le dos
des cartes des voyageurs qu'il reçoit les impressions que la fabrication des maisons
qu'ils représentent a produite sur son esprit,
s'il accompagne ces annotations des échantillons qui lui ont été soumis et qui l'ont frappé,
il se trouvera au bout de quelque temps
en possession d'un mémorandum, grâce auquel il lui sera impossible de faire de mauvaises opérations, au point de vue du choix
aussi bien qu'au point de vue du prix. Je
recommande vivement ce système d'anno-
tation à tous les acheteurs. Les représen-

·nts des maisons faisant dans de mauvaises conditions les articles qu'ils viennent offrir à leur clientèle pourront seuls avoir à s'en plaindre.

Lorsque vous avez remis une commission, ne négligez jamais de demander un double fait à la plume, au voyageur avec lequel vous aurez traité.

Lorsqu'on ne pourra pas vous remettre immédiatement échantillon des dessins que vous aurez choisis, exigez l'envoi, dans un bref délai, d'une référence de tout ce que vous avez commissionné.

Chacun se trouvera bien de cette manière d'opérer, et acheteurs et vendeurs gagneront à cette raideur apparente, qui n'est après tout que de l'ordre.

Elle sera pour tous les intéressés une garantie sûre de relations longues et suivies, et je ne vois guère que ceux qui vivent des affaires litigieuses qui pourront avoir à s'en plaindre.

VOYAGE D'ACHAT

Un négociant à la tête d'une maison importante, dont les achats annuels atteignent un chiffre supérieur à 100,000 francs, ne doit pas perdre de vue que, de tous les moyens de faire ses achats, le plus avantageux est d'aller une fois ou deux par an visiter soi-même les places de fabrique.

Les achats sur place permettent de profiter de certains avantages dont il est difficile de bénéficier en commissionnant.

Courant la fabrique avec votre commissionnaire, il est incontestable que vous choisirez toujours les pièces les mieux réussies ; et les dernières conditions pratiquées par le fabricant ne pourront pas vous être dissimulées aussi facilement que si vous achetiez à un voyageur. Il résultera toujours de ce mode d'achat, tant par la supériorité du choix de toutes les pièces que par les différences de prix que vous pourrez obtenir, un avantage pouvant être évalué à 5 %.

Passons donc en revue les diverses villes manufacturières de notre pays, étudions-les d'une façon assez approfondie pour connaître bien exactement leur production, et pouvoir juger sûrement les avantages que chaque ville offre aux acheteurs.

Si nous remontons à une vingtaine d'années, nous trouvons la fabrication de tous les genres spéciaux bien mieux localisée qu'aujourd'hui. Jadis Rouen ne tissait que du coton, Roubaix ne faisait que des lainages et Lille que des toiles; à cette époque, notre tâche eût été beaucoup plus facile.

Depuis 1870, une activité dévorante s'est emparée de nos centres manufacturiers. Les vieux outillages ont été détruits; les tissages à la main ont à peu près disparu de toutes nos villes de fabrique; et depuis cette époque, les tissages mécaniques s'y entassent.

L'énorme production que permet d'atteindre l'outillage perfectionné dont sont pourvues ces manufactures, pousse les fabricants à étendre leur fabrication en dehors des genres qu'ils produisaient auparavant, et qui faisaient la réputation et la renommée de leur place. On ne serait plus exact aujourd'hui, en disant « les articles de Rouen, de Lille ou de Roubaix », car on fait maintenant, pour parler la vieille langue de nos négociants en tissus, *du Rouen* à Roubaix, et *du Roubaix* à Rouen.

Nous nous proposons donc, dans cette longue pérégrination à travers les villes manufacturières de la France, de renseigner les lecteurs sur les articles les plus avantageux de chacune des places que nous allons leur faire visiter. Nous appuyant sur nos propres connaissances, résultat de notre expérience, nous leur indiquerons les articles que ces mêmes villes font moins bien, et où d'autres places concurrentes excellent.

Ce travail, fait d'un esprit impartial, sera un excellent guide pour tous les acheteurs; nous l'avons fait suivre d'un tableau de tous

6

les principaux tissages mécaniques de France, n'en recommandant aucun particulièrement.

L'expérience, le genre de vente, indiqueront à chaque chef de maison ceux auxquels ils devront accorder la préférence.

Si nous partons de Paris pour notre voyage d'achat, et que nous nous proposions de parcourir toute la France, nous aurons dû tracer à l'avance un itinéraire des principales villes que nous aurons à visiter; itinéraire qui nous est indiqué tout naturellement par la position géographique de nos grands centres manufacturiers :

Paris. — Troyes. — Bar-le-Duc. — Nancy. — Lunéville. — Saint-Dié. — Épinal. — Thizy. — Cours. — Roanne. — Villefranche. — Tarare. — Lyon. — Vienne. — Dieulefit. — Clermont-l'Hérault. — La Bastide-Rouairouze. — Lodève. — Saint-Pons. — Hasparren. — Lavelanet. — Carcassonne. — Castres. — Limoges. — Châteauroux. — Romorantin. — Orléans. — Amboise. — Tours. — Cholet. — Nantes. — Angers. — Le Mans. — Laval. — Mayenne. — La Ferté-Macé. — Alençon. — Fresnay. — Vire. — Condé-sur-Noireau. — Flers. — Falaise. — Cherbourg. —

Lisieux. — Bernay. — Évreux. — Louviers. — El-
beuf. — Rouen. — Beauvais. — Amiens. — Saint-
Quentin. — Guise. — Caix. — Villers-Bretonneux. —
Cambrai. — Lille. — Armentières. — Bailleul. —
Roubaix. — Tourcoing. — Sedan. — Reims. — Bohain.

Et de Reims, retour à Paris, tel nous a
semblé, après étude, le chemin qui devait
être suivi pour un voyage d'achat, si l'on
tient à ne pas faire de kilomètres inutiles.

Troyes.

Troyes est depuis longtemps renommé pour
sa fabrication de bonneterie de coton; c'est
la ville la plus importante pour cette spécialité.

Il ne s'y fabrique pas de tissus proprement dits; tous les tissus teints et apprêtés
à Troyes sont fabriqués en Alsace; mais il y
a dans cette ville des maisons de teinture et
apprêts d'une importance considérable. De
tous temps, les apprêts de Troyes ont été
renommés; cette renommée est due, dit-on,
à la qualité de son eau. Je recommande aux
acheteurs en tissus d'acheter sur cette place

les croisés glacés noirs, les finettes grises et blanches, unies et brillantées, de belle qualité. Rouen, Saint-Quentin et Villefranche font mieux les sortes inférieures. Troyes est sur la ligne du chemin de fer de l'Est, à 161 kilomètres de Paris.

Bar-le-Duc.

Bar-le-Duc ne possède de tissages mécaniques importants que depuis quelques années; sa vieille fabrication à la main est encore très goûtée. On y achètera très avantageusement les articles à la main dont les noms suivent : prunelles, toiles, matelas, articles à pantalon tout coton, et laine et coton. Les tissages mécaniques nouvellement installés dans cette ville y ont apporté de nouveaux éléments de production. Leurs toiles matelas sont parfaitement faites; les flanelles de coton, les cretonnes rayées et à carreaux pour chemises qu'ils produisent sont également très goûtées, mais inférieures à ce qui se fait à Saint-Dié.

Bar-le-Duc est sur la ligne du chemin de fer de l'Est, à 223 kilomètres de Paris.

Nancy.

Nancy est le pays de la broderie. Des maisons importantes de cette ville donnent des dessins et du tissu aux brodeuses des campagnes environnantes. C'est à ces maisons, qui créent les dessins qu'elles font exécuter aux ouvrières, qu'il faut s'adresser pour acheter les produits de cette contrée. Les maisons de nouveautés qui ont une clientèle bourgeoise y achèteront leurs jupons, leurs mouchoirs, leurs cols, etc.; celles qui vendent à la campagne y trouveront des bonnets très richement brodés.

Tous ces articles sont vendus tels qu'ils sortent des mains des ouvrières, et ne sont blanchis et apprêtés qu'au moment de la livraison.

La broderie mécanique de Saint-Quentin, quoique beaucoup moins belle, fait, par son bon marché, une concurrence redoutable à la broderie de Nancy ; les bonnets brodés fabriqués dans les environs de Tours menacent également de supplanter les bonnets brodés, qui il y a quelques années se faisaient exclusivement à Nancy.

Nancy est sur la ligne du chemin de fer de l'Est, à 316 kilomètres de Paris.

Lunéville.

Nous ne voyons à Lunéville d'autre fabrication importante que celle des gilets et caleçons coton en chaîne cachou et en chaîne bleue. L'acheteur apprécie justement cette fabrication, qui, si elle est un peu plus chère que celle de Falaise, a l'avantage de donner satisfaction au consommateur, et de ne jamais se couper.

Avec un peu plus d'initiative et d'esprit pratique de la part des fabricants, la fabrication de bonneterie de Lunéville, pourrait, en augmentant le nombre de ses articles, prendre une plus grande extension.

Lunéville est sur la ligne du chemin de fer

de l'Est, et se trouve à 30 kilomètres de Nancy, et à 345 kilomètres de Paris.

Saint-Dié.

Saint-Dié est renommé pour ses étoffes à pantalon en coton et en laine et coton; ses tissus pour robes ainsi que ses croisés et ses flanelles coton sont très appréciés ; ses cretonnes fantaisie pour chemises sont bien goûtées. Pour ces derniers articles, la supériorité de sa fabrication est incontestable.

Saint-Dié est sur la ligne du chemin de fer de l'Est, à 55 kilomètres d'Épinal et à 425 kilomètres de Paris.

Épinal.

C'est à Épinal et dans les environs que se trouvent les manufactures les plus importantes pour la fabrication des calicots, des croisés, des finettes, des satins, des brillantés, des damas, etc. Toutes les satinettes, percalines, jaconas, etc., se fabriquent à Épinal ou dans les environs.

Rouen, Troyes, Villefranche, Thizy, et
autres villes faisant spécialement la doublure,
vont acheter aux importantes manufactures
des Vosges les tissus en écru, pour les faire
teindre et apprêter chez eux. Ce sont les
maisons intermédiaires de toutes ces villes qui
sillonnent la France et écoulent tous les produits de l'Alsace dans le commerce du détail.

Épinal est sur la ligne du chemin de fer
de l'Est, à 378 kilomètres de Paris.

Thizy.

Le bon marché de la main-d'œuvre dans
ce pays le rend plus propre que tous les autres à la fabrication des étoffes communes.

Aussi on achètera très avantageusement
sur cette place : les bourrettes, lainettes,
luxembourg, péruviennes, oxforts, etc.

Il y a également dans Thizy quelques maisons faisant bien la doublure ; mais pour cet
article, la supériorité reste à la place de
Villefranche, qui possède des teintureries

plus importantes. Thizy est sur la ligne du chemin de fer de Lyon, à 65 kilomètres de Lyon, et à 510 kilomètres de Paris.

Cours.

Cours est la ville où se fabriquent le plus de couvertures de coton. Les couvertures blanches, les cabri, les grison, les vertes mi-laine, les gris-argent, les couvertures de voyage mi-laine sont fabriquées dans cette ville.

Tel fabricant qui excelle dans un genre est quelquefois faible dans un autre. Ceci est surtout vrai pour la place de Cours. Nous recommandons donc aux acheteurs de ne pas traiter exclusivement toutes leurs couvertures chez le même fabricant, et de prendre, auparavant d'acheter, le temps de comparer les produits de chacun.

Cours est sur la ligne du chemin de fer de Lyon, à 46 kilomètres de Villefranche, et à 512 kilomètres de Paris.

Roanne.

Roanne, qui n'était il y a une dizaine d'années qu'une ville manufacturière de troisième ordre, tient aujourd'hui, pour la fabrication des tissus de coton, la première place après Rouen. Un progrès immense s'est accompli dans cette ville depuis quelques années. Marchant résolument dans la voie du progrès et des réformes, au point de vue industriel, les fabricants de cette cité ont supprimé leur vieil outillage, et ont sans hésitation élevé à la place de leurs anciennes manufactures des tissages mécaniques des systèmes les plus perfectionnés.

Cette ville a été bien récompensée des efforts qu'elle a faits pour améliorer sa fabrication, et un grand nombre d'articles, tels que, vichys lisses et croisés, cotons bleu et blanc, zéphyrs et cretonnes pour chemises, sont aujourd'hui achetés à Roanne bien plus avantageusement qu'à Rouen.

Roanne est sur la ligne du chemin de fer

de Lyon, à 80 kilomètres de Saint-Étienne
et à 535 kilomètres de Paris.

Villefranche.

Villefranche est le pays de la manuten-
tion de la doublure. Cette place excelle pour
teindre et apprêter les tissus de coton, tels
que : Clairvaux gris et noir, finettes, jaconas,
percalines, satinettes, etc., et en général tous
les articles du rayon de doublures.

Villefranche est sur la ligne du chemin de
fer de Lyon, à 30 kilomètres de Lyon et à
495 kilomètres de Paris.

Tarare.

Les apprêts de Tarare pour les mousselines en tous genres sont très renommés. Tarare et Saint-Quentin sont les deux seules
villes où l'on fabrique et où l'on apprête la
mousseline. Tarare excelle dans la préparation des mousselines claires, telles que :
mousseline suisse, organdis, mousselines dites
anglaise, crêpe, plumetis, etc. Saint-Quentin

fait mieux les genres épais. Tarare a d'importants tissages mécaniques qui ont apporté un grand perfectionnement dans la fabrication des mousselines dites anglaises, qui se vendent en quantité considérable pour robes de mariées et de première communion. On y brode très bien ; les broderies de ce pays sont très estimées ; on y fabrique également des mousselines pour rideaux, brodées mécaniquement, dont il se fait une assez grande consommation.

Tarare est sur la ligne du chemin de fer de Lyon, à 50 kilomètres de Lyon et à 510 kilomètres de Paris.

Lyon.

Les soieries en tous genres : taffetas, failles, satins, surrahs, gazes, velours, crêpes de soie, grenadines, etc., se fabriquent à Lyon. Les foulards constituent également une grande partie de la fabrication lyonnaise. On y fait des impressions sur foulards d'une beauté et d'une richesse incomparables. Le nombre des fabricants est tellement grand sur cette place, qu'il est indispensable, pour y acheter de se faire accompagner d'un commissionnaire, pouvant vous renseigner sur la fabrication de chacun. Zurich en Suisse, et Londres et Bradford en Angleterre, sont les deux places concurrentes de Lyon, pour la soierie et les foulards.

Lyon est sur la ligne du chemin de fer de Lyon, à 468 kilomètres de Paris.

Vienne.

Vienne est la seconde place de France pour la fabrication de la draperie. Les produits de cette place sont des plus hétérogènes, et à côté de tel fabricant qui fait de la marchandise presque aussi belle qu'à Elbeuf, vous en trouvez un autre qui fait de l'étoffe à peine commerciale.

S'il est parfois avantageux d'acheter sur cette place des draps d'été bas prix, et des draps d'hiver, allant jusqu'à 8 fr. 50 le mètre, lorsqu'on dépassera ce prix, il sera toujours préférable d'acheter à Elbeuf.

Vienne est sur la ligne du chemin de fer de Lyon, à 80 kilomètres de Grenoble et à 620 kilomètres de Paris.

Dieulefit.

Dieulefit est une ville concurrente de Mazamet pour la fabrication des molletons ; quoique peu importante, sa fabrication est très recherchée de ceux qui aiment la bonne marchandise.

Dieulefit est sur la ligne du chemin de fer de Lyon, à 28 kilomètres de Montélimar.

Nîmes.

Nîmes possède d'importantes manufactures de tapis. Ses tapis haute laine sont justement renommés et admirés, et laissent bien loin derrière eux ceux des autres fabrications. On fabrique également sur cette place de la bonneterie de laine, des châles tapis et des ceintures de flanelle.

Nîmes est sur la ligne du chemin de fer de Lyon, à 712 kilomètres de Paris.

Clermont-l'Hérault.

La fabrication de marègues pour limousines est la seule qui mérite d'appeler l'attention dans cette localité. Ses produits sont à peu près identiques à ceux de Lodève.

Clermont-l'Hérault est sur la ligne du chemin de fer du Midi, à 70 kilomètres de Montpellier, et à 840 kilomètres de Paris.

La Bastide-Rouairouze.

Centre important pour la fabrication de la draperie. Les draps fabriqués sur cette place sont épais, résistants, et doivent être préférés à la draperie d'Elbeuf jusqu'au prix de 9 fr. 50.

La Bastide est sur la ligne du chemin de fer du Midi, à 40 kilomètres de Castres et à 725 kilomètres de Paris.

Lodève.

Bonne fabrication de marègue, pouvant lutter avantageusement avec celle de Clermont-l'Hérault.

Je recommande aux acheteurs soucieux de bien servir leur clientèle d'éviter avec soin l'achat de marègues contenant du phormium ou de l'étoupe.

Lodève est sur la ligne du chemin de fer du Midi, à 54 kilomètres de Montpellier, et à 800 kilomètres de Paris.

Saint-Pons.

Fabrication de draperie ayant beaucoup de rapport avec celle de la Bastide-Rouairouze.

Saint-Pons est sur la ligne du chemin de fer du Midi, à 126 kilomètres de Montpellier et à 860 kilomètres de Paris.

Hasparren.

Hasparren est le pays de la marègue par

excellence. Si la marchandise fabriquée sur cette place n'a pas un aussi bel aspect que les produits de Lodève et de Clermont-l'Hérault, elle a l'immense avantage, grâce à la laine et au crin qui la composent, de garantir ceux qui la portent de la pluie et du froid sans les écraser. Les laboureurs des plaines de la Beauce et les vignerons des bords de la Loire savent l'apprécier à sa juste valeur, et ne veulent que de l'Hasparren. Toutes les autres marègues ont en effet l'inconvénient d'être lourdes et de garder l'humidité.

Hasparren est sur la ligne du chemin de fer du Midi, à 23 kilomètres de Bayonne et à 820 kilomètres de Paris.

Lavelanet.

Lavelanet excelle à faire des draps d'assez belle apparence, quoique très bon marché. Dans les prix de 5 à 7 fr., c'est à cette place qu'il faudra donner la préférence.

Lavelanet est sur la ligne du chemin de fer du Midi, à 27 kilomètres de Foix.

Carcassonne.

Carcassonne doit sa renommée à la fabrication des draps noirs bon marché.

Les draps noirs anglais chaîne fil, qui abondent sur le marché français, entravent l'essor de cette fabrication.

Carcassonne est sur la ligne du chemin de fer du Midi, à 184 kilomètres de Paris.

Mazamet.

Mazamet compte d'importantes manufactures de draps. C'est la première ville de France pour la fabrication des molletons; quant à sa draperie, elle peut être classée avec les genres fabriqués à la Bastide.

Mazamet est sur la rive du chemin de fer du Midi, à 18 kilomètres de Castres, et à 680 kilomètres de Paris.

Castres.

Castres produit dans d'excellentes conditions les flanelles chaîne coton et péruviennes en tous genres. Il est fait en France une consommation très grande de ces marchandises. Les acheteurs ne devront pas oublier que la garantie du bon teint dans cet article est dans la chaîne bleue, pur indigo.

Castres est sur la ligne du chemin de fer du Midi, à 42 kilomètres d'Albi et à 720 kilomètres de Paris.

Limoges.

Limoges fabriquait autrefois d'excellentes flanelles, unies et rayées, fort goûtées des habitants de nos campagnes. Cette fabrication paraît être aujourd'hui en pleine décroissance. On ne s'adresse plus guère sur cette place que pour la fabrication d'articles exclusifs, demandés dans les hôpitaux et les maisons d'aliénés, où l'on croit faire œuvre d'intelligence et d'économie, en habillant les pensionnaires de ces établissements avec les mêmes étoffes qu'il y a deux cents ans. Quelques-uns de ces produits trouvent encore à s'écouler dans le fond de la Bretagne.

Limoges est sur la ligne du chemin de fer d'Orléans, à 371 kilomètres de Paris.

Châteauroux.

Les draps bleus, qui sont l'unique fabrication de cette ville, sont demandés pour les hospices, et autres établissements de bienfaisance.

Châteauroux est sur la ligne d'Orléans, à à 257 kilomètres de Paris.

Romorantin.

On fabrique à Romorantin beaucoup de draps pour la troupe. Une partie de la fabrication de cette ville a la même destination que la draperie de Châteauroux.

Romorantin est sur la ligne du chemin

de fer d'Orléans, à 41 kilomètres de Blois et à 185 kilomètres de Paris.

Orléans.

Orléans est la première ville pour la fabrication des couvertures de laine. On y fait des couvertures de laine blanche de toute beauté. Des manufactures de bonneterie de coton bien outillées arrivent aujourd'hui à concurrencer les articles de Troyes et de Falaise. Les caleçons à côtes et les gilets de chasse qui sortent de ces fabriques sont très avantageux.

Orléans est sur la ligne du chemin de fer d'Orléans, à 115 kilomètres de Paris.

Amboise.

Amboise mérite d'être cité pour les magnifiques couvertures de voyage qui sortent de ses manufactures.

Amboise est sur la ligne du chemin de fer d'Orléans, à 23 kilomètres de Tours, et à 220 kilomètres de Paris.

7.

Tours.

Tours possède quelques fabriques de tapis dont les produits sont très appréciés. Les moquettes de fabrication anglaise, quoique inférieures comme qualité, font à ces manufactures une concurrence qui entrave l'écoulement de leurs produits.

De belles étoffes de soie pour ameublements, des passementeries de toutes sortes, en laine, en soie et en coton, sont également fabriquées dans cette ville.

Depuis quelques années on brode dans les environs de Tours de magnifiques bonnets de campagne qui tendent à remplacer l'article de Nancy. Cette broderie est connue sous le nom de broderie de Vouvray.

Tours est sur la ligne du chemin de fer d'Orléans, à 236 kilomètres de Paris.

Cholet.

La ville de Cholet a conservé son antique renommée pour la fabrication des mouchoirs de fil. Ni Cambrai, ni Lille, qui ont essayé de l'imiter, n'ont réussi à entamer sa vieille réputation.

Ses toiles blanches se vendent beaucoup moins, les tissages mécaniques du Nord faisant cet article dans de meilleures conditions.

Depuis quelques années, on fabrique sur cette place, sous le nom de cholletaises, des flanelles grises, chaîne et coton, dont il se fait une grande consommation. Cet article, qui est très fin, se vend concurremment avec les péruviennes de Castres. Il n'est bon teint, que si la chaîne est bleu, pur indigo.

Ses futaines et ses cotons gris teints sont très avantageux, et conviennent admirablement à la vente des maisons de gros.

Cholet est sur la ligne du chemin de fer de l'Ouest, à 58 kilomètres d'Angers et à 360 kilomètres de Paris.

Nantes.

Les futaines de Nantes sont renommées

pour leur excellente qualité. Quoique plus chères que celles de Cholet, elles ont un écoulement facile ; ce résultat est dû au soin apporté par les fabricants de cette place dans le choix de leurs cotons. Les cotons cardés, ou ouates, pour couvre-pieds, sont livrés à des conditions exceptionnelles de bon marché par les fabricants de cette place.

Nantes est sur la ligne du chemin de fer d'Orléans, à 390 kilomètres de Paris.

Angers.

Angers possède encore quelques fabriques de flanelles pour robes assez renommées. Les tissages mécaniques tendent chaque jour davantage à se substituer à cette vieille fabrication à la main.

C'est sur cette place que se fabriquent les étoffes bariolées dont s'habillent les Bretonnes, ainsi que les belles flanelles chaîne fil, à rayures bleues et noires, dont se parent encore les paysannes du Blaisois.

On fabrique à Angers beaucoup de bonneterie de laine ; ses gilets de chasse sont très avantageux ; mais ne devront être achetés que dans les bas prix. La belle bonneterie de laine se fabrique dans les villes de Picardie que nous allons citer plus loin.

Angers est sur la ligne du chemin de fer d'Orléans, à 302 kilomètres de Paris.

Le Mans.

Jadis le Mans était la seconde ville de France pour la fabrication de la toile. Cette place est bien déchue de son antique réputation.

Le Français est devenu sceptique pour les achats comme pour toute autre chose. Est-ce un bien ? est-ce un mal ? à ceci je ne veux point répondre à propos de toile. On ne croit plus sur paroles le marchand qui vous dit : Prenez cela, c'est cher, mais c'est bon. On a tant abusé de cette locution. Néanmoins, il faut le proclamer, le Mans est le pays de la bonne toile; mais ses produits sont concurrencés par d'autres, de même apparence, fabriqués à Armentières, à Lille, et à Amiens. Le bon marché auquel ces places offrent leurs toiles rend l'écoulement de celle du Mans de plus en plus difficile.

Le Mans est sur la ligne du chemin de fer de l'Ouest, à 214 kilomètres de Paris.

Laval.

Laval fabrique spécialement les coutils gris et fantaisie pour pantalon d'été et les toiles nationales. La consommation de ces articles diminue au lieu de s'accroître, et la place de Laval se ressent vivement de cet abandon de ses produits.

Quelques fabricants ont établi dans cette ville des tissages mécaniques, qui font des coutils à lit, des lacets et autres articles dans d'excellentes conditions.

Laval est sur la ligne du chemin de fer de l'Ouest, à 282 kilomètres de Paris.

Mayenne.

La fabrication de Mayenne est identique à celle de Laval. Il s'y fabrique également des mouchoirs de poche donnant beaucoup de main qui sont préférés par certaines maisons à l'article de Rouen.

Mayenne est sur la ligne du chemin de fer de l'Ouest, à 30 kilomètres de Laval, et à 310 kilomètres de Paris.

La Ferté-Macé.

La Ferté-Macé possède quelques tissages de coutil à lit pouvant lutter avantageusement avec ceux de Flers. Ses fabriques de toiles produisent des genres chanvre et fil et coton très renommés. Les toiles de la Ferté-Macé sont supérieures à celles d'Armentières.

La Ferté-Macé est sur la ligne du chemin de fer de l'Ouest, à 22 kilomètres de Domfront, et à 240 de Paris.

Alençon.

Alençon possède quelques fabriques de toile; c'est, comme le Mans, un pays de tisserands. C'est dans cette ville que se fabri-

quent les dentelles tant renommées connues
sous le nom de *point d'Alençon.*

Alençon est sur la ligne du chemin de
fer de l'Ouest, à 193 kilomètres de Paris.

Fresnay.

La fabrication de Fresnay est un genre
tout spécial. Ce sont des toiles fines, demi-
blanches, tissées à la main, qui font un excellent usage. On ne peut confier la façon de
ces toiles souples et régulières, qu'à des
ouvriers habiles et très exercés. Pour les
nappes et les serviettes unies, aucun article mécanique ne peut concurrencer l'article
de Fresnay.

Fresnay est sur la ligne du chemin de fer
de l'Ouest, à 28 kilomètres de Mamers et à
259 kilomètres de Paris.

Vire.

Vire possède quelques manufactures de
draps faisant spécialement les articles pour
la troupe et pour uniformes. On y fait aussi
des draps noirs.

Vire est sur la ligne du chemin de fer de l'Ouest, à 59 kilomètres de Caen, et à 275 kilomètres de Paris.

Condé-sur-Noireau.

C'est à Condé que se trouvent les meilleures fabriques de retors rayés, de prunelles, de fougères et de toiles matelas. Malgré l'excellence de la fabrication de cette place, il est souvent sorti des tissus très mauvais teint de leurs manufactures. Les acheteurs feront bien de s'en souvenir et d'y veiller.

Condé est sur la ligne du chemin de fer de l'Ouest, à 25 kilomètres de Vire et à 275 kilomètres de Paris.

Flers.

Flers est la première ville de France pour la fabrication des coutils à lit, des toiles matelas, coutils lacet, nid d'abeille, prunelles, retords, etc. On y fabrique également des oxforts, des cotons rayés et à carreaux pour chemises, des cotons ménages, des vichys, etc. C'est la place qui vient immédiatement après Rouen pour la fabrication des tissus de coton. Flers et Condé sont deux places voisines, faisant à peu près les mêmes genres, qu'il ne faut pas négliger de visiter.

Flers est sur la ligne du chemin de fer de l'Ouest, à 89 kilomètres d'Alençon et à 243 kilomètres de Paris.

Falaise.

Falaise est une des villes les plus importantes pour la fabrication de la bonneterie de coton. Ses produits, moins beaux que ceux de Troyes, inférieurs également à ceux d'Orléans, sont recherchés pour l'extrême modicité de leurs prix.

Falaise est sur la ligne du chemin de fer de l'Ouest, à 48 kil. de Caen et à 260 kilomètres de Paris.

Cherbourg.

Fabrique de couvre-pieds assez importante.

Les villes dont les noms suivent s'occupent également de cette fabrication, et concurrencent les articles de Cherbourg :

Chemillé (Maine-et-Loire), Orléans, Courbevoie, près Paris, Limoges.

Cherbourg est sur la ligne du chemin de fer de l'Ouest, à 74 kilomètres de Saint-Lô, et à 350 kilomètres de Paris.

Lisieux.

Les draps de Lisieux sont ce qui se fait de plus mauvais en draperie. Cet article n'est plus guère vendu aujourd'hui que par les colporteurs qui courent les campagnes. Cette ville possède quelques fabriques de toile faisant des genres plus fins et plus beaux que les articles de Lille.

Lisieux est sur la ligne du chemin de fer de l'Ouest, à 48 kilomètres de Caen, et à 260 kilomètres de Paris.

Évreux.

Évreux excelle dans la fabrication des coutils à lit, surtout dans les belles qualités. Les fabricants de cette place ont adopté une lisière uniforme, qu'aucun autre fabricant de France n'a le droit d'imiter. Les coutils gris et blancs d'Évreux pour corsets sont également très renommés.

Évreux est sur la ligne du chemin de fer de l'Ouest, à 104 kilomètres de Paris.

Elbeuf-Louviers.

Elbeuf est la première ville de France pour la fabrication de la draperie fantaisie. Ses draperies noires sont également très renommées. Lorsqu'on achètera des draps au-dessus de 9 francs il faudra toujours donner la préférence à Elbeuf sur toute autre place. Pour acheter à Elbeuf, il est indispensable de se faire accompagner d'un commissionnaire connaissant parfaitement la place.

Elbeuf est sur la ligne du chemin de fer de l'Ouest, à 27 kilomètres d'Évreux, et à 133 kilomètres de Paris.

Rouen.

Rouen est la première ville de France pour la fabrication des tissus de coton. Si les places rivales ont entamé sa réputation pour certains articles, Rouen reste toujours tête de ligne pour le plus grand nombre. Pour les toiles coton, les meubles imprimés lisses et croisés, les tissés pour chemises, les impressions sur fond blanc, elle est sans rivale; ses flanelles de coton extra et ses pantalons en coton mouliné grand teint sont ce qui se fait de mieux en ce genre. Sa fabrication de mouchoirs est à peu près unique en France.

On y fabrique en quantité considérable des vichys de tous prix, lisses et croisés, des retors, des longottes, des ménages, des oxforts, des toiles matelas, etc.

Une maison devra toujours mitiger ses assortiments en articles de Rouen, Roanne, Flers, Condé, Roubaix. Il sera nécessaire à chaque saison de voir les collections de chacune de ces places.

Il est impossible d'acheter sur la place de Rouen sans se faire accompagner d'un commissionnaire. Il s'y tient chaque semaine un marché aux toiles, auquel les tisserands des environs apportent les pièces qu'ils ont fabriquées. Il ne s'y vend que de grosses toiles, relativement bon marché.

Rouen est sur la ligne du chemin de fer de l'Ouest, à 126 kilomètres de Paris.

Amiens.

La place d'Amiens excelle dans la fabrication des velours de coton et des cachemires. Cette ville possède également quelques tissages de toiles très renommées. Les serviettes et services de table en toile damassée qui sortent de ses manufactures sont d'une grande beauté.

Les velours d'Amiens sont plus avantageux que ceux d'Angleterre jusqu'à 2 fr. 60, et ses cachemires sont préférables à ceux de Reims.

Amiens est sur la ligne du chemin de fer du Nord, à 128 kilomètres de Paris.

Saint-Quentin.

Saint-Quentin est une ville manufacturière très importante. Parmi les nombreux articles fabriqués dans cette ville, nous citerons : les mousselines pour rideaux, les gazes brodées, les piqués secs et molletonnés, brillantés, nansouks, guipures, couvre-lits piqués, etc.

Les fabriques de festons, de bandes brodées mécanique, de devants de chemise ont pris depuis quelques années une grande extension dans le pays de Saint-Quentin.

Saint-Quentin est sur la ligne du chemin de fer du Nord, à 50 kilomètres de Laon, et à 175 kilomètres de Paris.

Caix, Villers-Bretonneux.

Ces deux villes ont une fabrication très importante de bonneterie de laine. Leurs gilets de laine, dits gilets de chasse, sont très renommés.

Cambrai.

Les toiles blanches de Cambrai, ses batistes et ses linons sont universellement renommés. On fabrique depuis quelque temps sur cette place des mouchoirs, genre Cholet, qui sont assez goûtés des consommateurs.

Cambrai est sur la ligne du chemin de fer du Nord, à 60 kilomètres de Lille et à 300 kilomètres de Paris.

Lille, Armentières.

Ces deux villes sont les plus importantes de France pour la fabrication de la toile. On y fabrique à peu près tous les genres. Lille est pour les toiles ce qu'est Rouen pour les tissus de coton. Il y a des maisons qui font spécialement les toiles bleues, d'autres qui font les articles confectionnés. Les articles à bâches, les treillis, les toiles pour sacs, les coutils damassés et rayés pour literie, le linge de table, les tissus en phormium pour ameublements, les tapis de table, etc., etc., sont fabriqués à Lille.

Armentières, ville voisine de Lille, s'applique plus spécialement à la fabrication des toiles bas prix. Ses produits font un tort considérable aux toiles des autres places.

Lille est sur la ligne du chemin de fer du Nord, à 241 kilomètres de Paris. Armentières est à 16 kilomètres de Lille.

Roubaix, Tourcoing.

C'est à Roubaix que se trouvent les manufactures de lainages les plus importantes ; c'est sur cette place que se font les achats les plus considérables. Tous les tissus pour robes, pure laine et laine et coton se fabriquent à Roubaix. Les reps, cretonnes, alpagas, y sont produits par très grandes quantités. On y fabrique également beaucoup d'étoffes à pantalons, voire même de la draperie ; les draps matelassés de Roubaix sont bien réussis et d'une vente facile. Les essais faits sur cette place pour concurrencer la fabrication de Rouen et faire des tissus de coton, me paraissent avoir donné des résultats peu satisfaisants. Il sera donc prudent de continuer d'acheter à Rouen la rouennerie proprement dite.

Roubaix est sur la ligne du chemin de fer du Nord, à 11 kilomètres de Lille, et à 250 kilomètres de Paris.

Sedan.

La plus belle draperie noire et fantaisie se fait à Sedan. Je ne recommanderai pas cette place pour les articles à pantalons. Sedan excelle dans la fabrication des unis, des matelassés et des draps en laine peignée. Les duités noirs, les édredons, les ottomans, se font également à Sedan.

Sedan est sur la ligne du chemin de fer du Nord, à 20 kilomètres de Mézières, et à 250 kilomètres de Paris.

Reims.

Les achats faits sur la place de Reims ont une grande importance, les sommes engagées dans ces achats étant toujours considérables. Le négociant qui commissionne achète ses mérinos et ses flanelles à celui qui les lui offre aux meilleures conditions, s'en rapportant généralement pour le choix de la fabrication à son commissionnaire. L'acheteur sur place ne devra pas opérer ainsi. Il doit profiter des avantages que lui donne son voyage en fabrique, et se rendre compte, en les comparant, de ce que valent chacune des fabrications. Tel fabricant, qui fait bien un article cette année, sera devancé par un autre à la saison prochaine. Les mêmes précautions et le même examen seront nécessaires à chaque saison, les fabricants modifiant souvent leur fabrication.

En dehors des flanelles de santé et des mérinos, qui constituent la moitié de la fabrication de Reims, on fabrique également, sur cette place, des cachemires, des beiges, des sergés pour robes, des anacostes, des draps légers, des molletons, des velours de laine, des meltons, genre anglais, etc.

Reims est sur la ligne du chemin de fer de l'Est, à 43 kilomètres de Châlons et à 205 kilomètres de Paris.

Bohain.

Ville manufacturière, très importante fabrique de lainages, grenadine, châles. Quelques hardis fabricants de cette place ont entrepris d'arracher, à notre altière voisine, l'Allemagne, la suprématie qu'elle a toujours eue sur nous pour la fabrication des velours. Leurs efforts ont été couronnés de succès; désormais la France n'aura plus besoin de passer par l'Allemagne pour l'achat de ces produits.

Nous avons terminé, chers lecteurs, notre voyage à travers les villes manufacturières de France. Je n'ai point la prétention de vous avoir tout appris dans le cours de ce voyage ; il vous reste encore beaucoup à faire, beaucoup à apprendre; mais votre intelligence, votre esprit d'ordre et d'observation mis au service de la cause sacrée des intérêts de votre maison, compléteront vite, si vous le voulez, votre initiation aux difficultés du métier de marchand. L'ambition de réussir et de faire grandir votre maison vous engageront à entretenir cet amour du métier, ce feu sacré qu'il ne faut point laisser s'éteindre.

Chaque jour amène dans l'art de la fabrication des tissus des innovations nouvelles, chaque année voit surgir de nouvelles fabrications, tandis que d'autres déclinent ; il faut surveiller avec vigilance ces différents changements ; examiner et étudier les créations nouvelles dès leur apparition, afin de savoir s'il est prudent de leur donner place dans ses rayons.

Ceci dit, chers lecteurs, je vous laisse dans la capitale.

Si vous avez bien employé votre temps, bien fouillé la fabrique pendant votre voyage d'achat, il vous restera peu de chose à acheter à Paris ; ce sera tant mieux pour vos intérêts ; car Paris est la ville où l'on trouve de tout, mais c'est la ville des intermédiaires, et les intermédiaires coûtent toujours cher.

Vous trouverez à Paris les dépôts des représentants des fabriques anglaises, suisses et allemandes ; si vous vendez la confection

pour hommes et pour dames, c'est également
à Paris que vous l'achèterez le plus avantageusement. Les cravates, la lingerie, se fabriquent également à Paris.

Les boutons, les rubans, la passementerie
et toute la mercerie en général, peuvent être
achetés à Paris dans d'assez bonnes conditions, si l'on s'adresse à des maisons de premier ordre, et surtout si l'on est bien ren-
seigné.

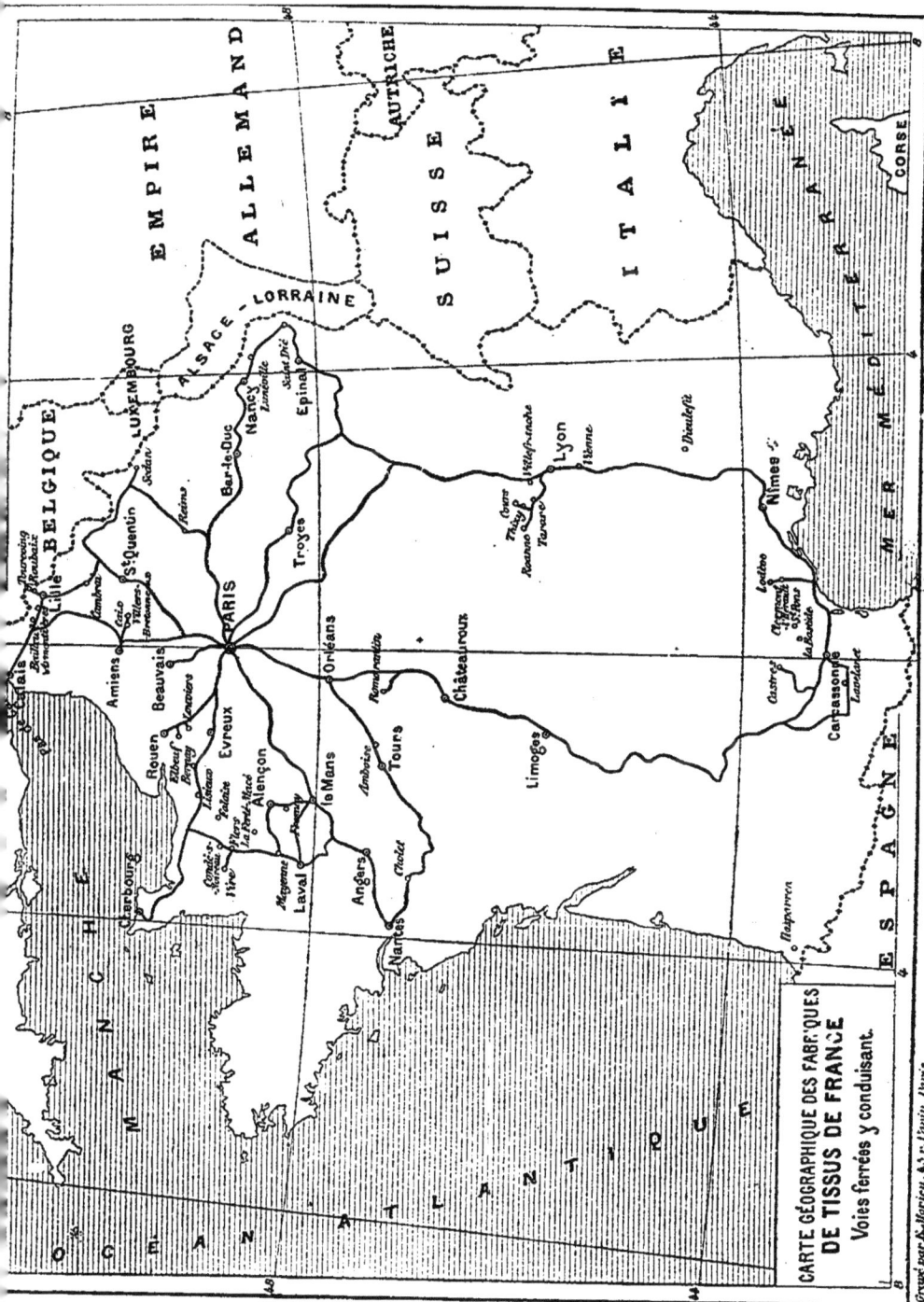

CARTE GÉOGRAPHIQUE DES FABRIQUES
DE TISSUS DE FRANCE
Voies ferrées y conduisant.

Gravé par R. Morieu, 6.r, l'avin, Paris

EMPIRE ALLEMAND

AUTRICHE

SUISSE

ITALIE

ALSACE – LORRAINE

LUXEMBOURG

BELGIQUE

ESPAGNE

CORSE

MER MÉDITERRANÉE

MANCHE

OCÉAN ATLANTIQUE

Lille
Roubaix
Tourcoing
Armentières
Baillœul
Calais
Amiens
St-Quentin
Kamoreg
Calo
Villers-Bretonne
Beauvais
Rouen
Elbœuf
Bolbec
Yvetot
Louviers
Evreux
Alençon
Cherbourg
Condé-s-Noireau
Vire
Vimoutiers
La Ferté-Macé
Mayenne
Laval
Angers
Cholet
le Mans
Amboise
Tours
Nantes
Sedan
Reims
Bar-le-Duc
Nancy
Lunéville
Épinal
Saint-Dié
Troyes
PARIS
Orléans
Romorantin
Châteauroux
Limoges
Lyon
Villefranche
Tarare
Roanne
Thizy
Cours
Vienne
Dieulefit
Nîmes
Lodève
Alais
d'Anduze
le Vigan
la Rochette
Castres
Carcassonne
Lavelanet
Perpignan

TABLEAU

DES

TISSAGES MÉCANIQUES DE FRANCE

———◦◦◦◦◦———

Nous n'avons point la prétention de donner un tableau complet de tous les tissages mécaniques qui existent en France ; parmi les noms que le hasard va jeter sous notre plume, il en est peut-être qui n'occupent qu'un rang secondaire dans la fabrication, et nous allons certainement omettre dans notre liste de très importantes et de très recommandables fabriques.

Nous allons de préférence nommer ceux avec lesquels nous avons eu des relations, ou dont la voix de la renommée a apporté le nom jusqu'à nous.

Toute erreur ou omission qui nous sera

signalée sera, on peut en être sûr, corrigée à la seconde édition.

Nous n'avons poursuivi qu'un but en faisant ce tableau : Donner aux jeunes gens qui vont s'établir et prendre les rênes d'une maison, tous les renseignements nécessaires, pour leur permettre de bien opérer en faisant leurs achats, en leur donnant une liste indicative d'un certain nombre de fabriques très recommandables, auxquelles ils pourront s'adresser pour faire leurs assortiments.

NOMS DES FABRICANTS.	LIEU de FABRICATION.	LEUR FABRICATION.
QUINCARLET....	Troyes.....	Bonneterie de coton, maillots, camisoles.
BALTET........	Troyes.....	Doublures, tissus de coton.
BAUDOT........	Bar-le-Duc.	Matelas, cotons à chemises, flanelles coton.
CAILLARD......	Bar-le-Duc.	Matelas, prunelles.
MÉLINE, BOURGON..........	Nancy......	Broderie en tous genres.
PAYEN.........	Nancy......	Broderie en tous genres.
TABOURET......	Lunéville...	Gilets coton, chaîne cachou et bleue.
SCHUTT........	Saint-Dié...	Pantalons, cotons pour robes.

NOMS DES FABRICANTS.	LIEU de FABRICATION.	LEUR FABRICATION.
TOUSSAINT.....	Saint-Dié...	Flanelles coton, cretonnes pour chemises.
EMMANUEL LANG............	Épinal......	Calicots, cretonnes, triplures.
WEILL et frères.	Épinal......	Calicots, cretonnes.
DAVID TROUILLIER............	Épinal......	Calicots, cretonnes, triplures.
HARTMAN......	Épinal.....	Calicots, cretonnes.
POISAT.........	Thizy......	Doublures et couvertures.
CHAPON CORTET.	Thizy......	Cotonnades.
PERRIN, MUGUET..........	Thizy......	Couvertures coton.
BURNICHON.....	Cours......	Couvertures de coton.
VILLE.........	Cours......	Couvertures de coton.
CHERPIN.......	Roanne.....	Vichys lisses et croisés.
DESCHELLETTE REMI.........	Roanne.....	Vichys lisses et croisés.
VINDRIER frères.	Roanne.....	Vichys lisses et croisés.
FOURNIER-BURDIN..........	Roanne....	Vichys lisses et croisés.
COLOMBAT......	Villefranche.	Doublures en tous genres.
RÉVIN-VEILLAS.	Villefranche.	Doublures en tous genres.
DEPAGNEUX....	Villefranche.	Doublures en tous genres.
MOTTIN frères.	Tarare.....	Mousselines.
FOUGERAT......	Tarare.....	Mousselines.
GÉRIN JULES...	Tarare.....	Mousselines.
ALGOUD frères.	Lyon.......	Soie et satins noirs.
BARDOU ET MAYEU.........	Lyon.......	Soie, satins, velours.
JOSEPH BOURRET.	Lyon.......	Soie noire.
MARTIN.........	Lyon.......	Velours.

NOMS DES FABRICANTS.	LIEU de FABRICATION.	LEUR FABRICATION.
GÉRIN.........	Vienne.....	Draps.
BENOIT et BOUVIER.........	Vienne.....	Draps.
PASCAL-VALLUIT..........	Vienne.....	Draps.
RODET.........	Dieulefit....	Molletons.
AUMÉRAS.......	Nîmes......	Tapis.
COT...........	Clermont-l'Hérault...	Marègue.
PAGÈS frères ...	La Bastide Rouairouze.	Draps.
MERCIER........	La Bastide..	Draps.
PHALIPPOU.....	La Bastide..	Draps.
LAGARE fils.....	Lodève.....	Marègue.
MIQUEL aîné....	Saint-Pons..	Draps.
BRENAC........	Mazamet ...	Draps et molletons.
SUZANNE.......	Hasparren ..	Marègue.
DIHARCE.......	Hasparren ..	Marègue.
BRUNEAU.......	Lavelanet...	Draps.
ROQUEFORT.....	Lavelanet...	Draps bon marché.
LACOMBE.......	Carcassonne.	Draps noirs bon marché.
RAINAUD.......	Carcassonne.	Draps.
ROBERT........	Castres.....	Péruviennes.
AMEN fils.......	Castres.....	Péruviennnes.
GARY..........	Castres.....	Péruviennes.
CABROL........	Castres.....	Péruviennes.
CORMOULZ......	Mazamet....	Draps fantaisie.
BRENAC........	Mazamet....	Draps.
RAYNAUD et Cie.	Mazamet....	Draps.
BONNADIER.....	Limoges....	Flanelles.
DELAGE........	Limoges.... Châteauroux.	Flanelles.
NORMAND......	Romorantin.	Draps pour la troupe.

NOMS DES FABRICANTS.	LIEU de FABRICATION.	LEUR FABRICATION.
GOURDIN.......	Orléans.....	Bonneterie de coton.
COUTADEUR.....	Orléans.....	Bonneterie de coton.
DESJOUIS	Orléans....	Fabrique de corsets.
PESLE et PONROY.	Orléans.....	Couvertures de laine.
GAUCHERON-GREFIER	Orléans.....	Couvertures de laine.
PÉPIN-VEIL-LARD..........	Orléans.....	Couvertures de laine.
GILBERT et PER-RAULT	Orléans.....	Couvertures de laine.
PATAUD-LE-CLAIRE.,......	Amboise....	Couvertures de voyage.
Crouć et fils...	Tours......	Soie.
ROZE..........	Tours......	Soie.
ROZE et BRAT-TAM	Tours......	Tapis.
RICHARD.......	Cholet.....	Futaines, cotons gris.
BONNET-ALLION.	Cholet.....	Futaines, flanelles.
SOURICE.......	Cholet.....	Mouchoirs.
BRÉMOND.......	Cholet.....	Mouchoirs.
PELLAUMAIL....	Cholet.....	Mouchoirs.
PIERDON.......	Cholet.....	Mouchoirs.
CHOLLET frères.	Nantes.....	Futaines et cotons cardés.
TRÉHARD	Angers.....	Flanelles.
RENAULT-LIHO-REAU..........	Angers.....	Gilets de chasse.
DUGUÉ.........	Angers.....	Flanelles.
PION-FORES-TIER,........	Angers....	Flanelles.
BARY..........	Le Mans....	Toiles.
LAMBERT - DES-CHAMPS.	Le Mans....	Toiles.
THOMELIN......	Le Mans....	Toiles.

NOMS DES FABRICANTS.	LIEU de FABRICATION.	LEUR FABRICATION.
LECOMTE et DU-CHEMIN,.......	Laval	Coutils à lit, pantalons.
BÉAS	Laval	Pantalons.
BELLANGER....	Laval	Pantalons.
DELATOUCHE-GAUDAIS,.....	Mayenne ...	Mouchoirs, coutils à pantalons.
BOULARD.......	Mayenne ...	Coutils.
CAIGNIÉ........	Mayenne ...	Coutils et mouchoirs.
RETOUR frères..	Ferté-Macé.	Toiles, bonne qualité.
PILATRIE	Ferté-Macé..	Toiles, bonne qualité.
BERNIER frères.	Ferté-Macé..	Coutils à lit.
BARRÉ.........	Ferté-Macé..	Coutils.
RICHER.........	Alençon....	Fabrique de toiles de chanvre.
RICHER........	Alençon....	Toiles.
BESNARD.......	Fresnay	Toiles, serviettes.
LEBOUVIER.....	Fresnay	Toiles, serviettes.
GOHIN.........	Vire........	Draps noirs et bleus.
CABLÉ........	Vire	Draps noirs et bleus.
JULES GERMAIN.	Condé......	Retors rayés, vichys.
BARON-LAN-GLOIS........	Condé......	Prunelles, fougères.
FÉRON frères ...	Condé......	Coutils à lit.
BOBOT-DESCOU-TURES........	Flers.......	Coutils à lit, matelas.
LECORNU.......	Flers.......	Coutils à lit, matelas.
FOUCAULT et COULOMBE.....	Flers.......	Coutils à lit, pantalons.
VAUTIER et JOANNE........	Flers.......	Coutils à lit, lacets.
FOUCAULT et COULOMBE.....	Flers.......	Coutils à lit, lacets.

NOMS DES FABRICANTS.	LIEU FABRICATION.	LEUR FABRICATION.
HALBOUT........	Flers........	Coutils à lit, lacets.
GESLAIN........	Falaise.....	Gilets coton et caleçons.
ALLAIN.........	Falaise.....	Gilets coton et caleçons.
BLOT..........	Falaise.....	Gilets coton et caleçons.
GOUPIL et LE-SAGE..........	Cherbourg..	Couvre-pieds.
FOURNET........	Lisieux.....	Toiles demi-fines.
BOUDIN........	Lisieux.....	Toiles.
CAPLIN........	Lisieux.....	Toiles.
BOISARD........	Évreux.....	Coutils à lit.
LUCAS.........	Évreux.....	Coutils à lit.
PERDRIX........	Évreux.....	Coutils à lit.
BRETON........	Louviers....	Draps.
PENNEL et MI-QUEL..........	Louviers....	Draps.
POUSSIN........	Louviers....	Draps.
DANNET........	Louviers....	Draps.
PELLETIER......	Elbeuf......	Draps noirs.
PIERRE OLLI-VIER..........	Elbeuf......	Draps noirs.
PHILOGÈNE OL-LIVIER........	Elbeuf......	Draps fantaisie.
MARY..........	Elbeuf......	Draps fantaisie.
DELACAIZE.....	Elbeuf......	Draps fantaisie.
BEER et VIOT...	Elbeuf......	Draps et satins.
BELLEST........	Elbeuf......	Draps billards.
BRETON........	Elbeuf......	Draps.
BESSELIÈVRE...	Rouen......	Indiennes.
DALIPHAR......	Rouen......	Indiennes.
KETTINGS......	Rouen......	Meubles.
SAINT frères....	Rouen......	Toiles.
WADDINGTON...	Rouen......	Toiles coton.
DESGENETAIS...	Rouen......	Toiles coton.

9

NOMS DES FABRICANTS.	LIEU de FABRICATION.	LEUR FABRICATION.
LEBALLEUR.....	Rouen......	Cotonnades.
GUILLARD......	Rouen......	Cotonnades.
POUYER - QUER- TIER..........	Rouen......	Cotonnades.
DUVAL..........	Rouen......	Toiles.
LEREBOURS.....	Rouen......	Toiles.
FOUQUET-LEMAI- TRE...........	Rouen......	Toiles de coton.
RIVIÈRE........	Rouen......	Pantalons tout coton.
PHORTHUM.....	Rouen......	Flanelles coton, cretonnes, vichys.
QUESNEL........	Rouen......	Vichys.
HÉDOUIN.......	Rouen......	Vichys.
MANCHON......	Rouen......	Flanelles coton, vichys.
RONDEAU	Rouen......	Impressions meubles.
GIRARD........	Rouen......	Impressions meubles.
EUGÈNE DELA- TERCHE.......	Beauvais....	Molletons, flanelles.
HAVY..........	Beauvais....	Molletons, flanelles.
COSSERAT......	Amiens.....	Toiles.
BERNARD et LA- PIERRE	Amiens.....	Toiles.
HAGIMONT.....	Amiens.....	Velours.
LAVALLARD....	Amiens.....	Velours.
COCQUEL.......	Amiens.....	Velours.
LAROZIÈRE.....	Amiens.....	Velours.
DESBRANOURE..	Amiens.....	Cachemires.
DEBRY - DUBOIS.	Amiens.....	Cachemires.
COLLET-DUBOIS.	Amiens.....	Cachemires.
MOTTE BOSSU..	Amiens.....	Velours.
COCQUEL.......	Amiens.....	Velours.
PROUOT ET BERTRAND.....	Orléans.....	Couvertures, couvre-pieds.

NOMS DES FABRICANTS.	LIEU de FABRICATION.	LEUR FABRICATION.
HUEZ............	St-Quentin..	Broderie mécanique.
CARPEAU........	St-Quentin..	Broderie mécanique, devants de chemises.
LEFÈVRE........	St-Quentin..	Broderie mécanique.
BOUDOUX	St-Quentin..	Mousselines à rideaux.
BOUDEVILLE....	St-Quentin..	Mousselines à rideaux.
DAVID TROUILLIER..........	St-Quentin..	Piqués, nansouks, mousselines à rideaux
THIVEL.........	St-Quentin..	Piqués, nansouks, mousselines à rideaux.
COLOMBIER.....	St-Quentin..	Piqués, nansouks, mousselines à rideaux.
PAYEN - BAUDOUIN.........	St-Quentin..	Piqués, nansouks, mousselines à rideaux.
USINE CLIFF...	St-Quentin..	Tulles, guipures, ruches, broderies.
ARMAND ROUX.	Seboncourt .	Lainages.
WESTERMAN....	Caix.......	Gilets de laine.
COURTOIS......	Caix	Gilets de laine.
LEVRIEN.......	Caix	Gilets de laine.
Veuve LARDIÈRE	Villers - Bretonneux ...	Gilets de laine.
BOUCHEZ - PATRICE.........	Villers - Bretonneux...	Gilets de laine.
CAPLIEZ........	Cambrai....	Toiles fines, mouchoirs, batistes.
BASQUIN.......	Cambrai....	Toiles fines, mouchoirs, batistes.
DELSART.......	Cambrai....	Toiles fines, mouchoirs, batistes.

NOMS DES FABRICANTS.	LIEU de FABRICATION.	LEUR FABRICATION.
BRICOUT-MO-LET..........	Cambrai....	Toiles fines, mouchoirs, batistes.
MEUNIER........	Lille	Toiles damassées, linge de table.
BOUTRY........	Lille	Toiles bleues.
DRUEZ.........	Lille	Toiles bleues.
DERENTY.......	Lille	Toiles bleues.
DEQUOY........	Lille	Toiles en tous genres.
WALLAERT.....	Lille	Toiles en tous genres.
UNION LINIÈRE.	Lille	Toiles en tous genres.
LEROY LELEU..	Lille	Toiles en tous genres.
AGACHE fils....	Lille	Toiles en tous genres.
DUGARDIN - LE-FÈVRE........	Lille	Toiles en tous genres.
DUBOIS et CHAR-VET..........	Lille.......	Toiles en tous genres.
DELESTRÉ	Lille	Toiles.
GAUCHER frères.	Armentières.	Toiles.
DEVVEPPE......	Armentières.	Toiles.
VILLARD et VIAL.........	Armentières.	Toiles.
HENRI CHAS ...	Armentières.	Toiles.
CARDON........	Armentières.	Toiles.
MASSON........	Armentières.	Toiles.
VENIÈRE.......	Bailleul.....	Dentelles à la main.
DEHESDIN......	Roubaix....	Lainages pour robes.
LECLERC DU-PUIS.........	Roubaix....	Alpagas, pachas, creton-nes, reps.
LECLERC-DU-PÈRE..........	Roubaix....	Satins de Chine, lainages.
FLORIN........	Roubaix....	Lainages pour robes.

NOMS DES FABRICANTS.	LIEU de FABRICATION.	LEUR FABRICATION.
CATTEAU............	Roubaix....	Lainages pour robes.
CARETTE........	Tourcoing..	Lainages pour robes.
CATRICE	Tourcoing..	Lainages.
BOURNEL........	Sedan......	Draps.
FRANCKLIN.....	Sedan......	Draps.
GILBERT........	Sedan......	Draps.
COURTEHEUX...	Sedan......	Draps.
GRANDJEAN....	Reims......	Mérinos.
NOUVION - POULOT............	Reims......	Mérinos et flanelles.
VILLEMINOT....	Reims......	Mérinos et cachemires.
DEMANDRE.....	Reims......	Mérinos forts.
PATÉ..........	Reims......	Mérinos.
HOUDIN........	Reims......	Mérinos doubles.
LELARGE.......	Reims......	Flanelles.
MASSON........	Reims......	Flanelles.
LÉON DESCHAMPS	Paris......	Châles.
CHAMBELLAN...	Paris......	Châles.
BOURGEOIS.....	Paris......	Châles.
CLAIR LEPROUST......	Paris.......	Poufs, tabourets en tapisserie.
CORET.........	Saint-Dié...	Tissus pour pantalons.
CHROMOLITHIE.	Paris.......	Cols et manchettes en sorte de caoutchouc, linge américain.
LINOLEUM......	Paris.......	Article nouveau remplaçant le tapis dans beaucoup de cas.
HUSSENOT......	Paris.......	Châles.
CHERBUY	Châtillon-sur-Loing.....	Couvertures laine verte.
GOURDON	Chemillé....	Couvre-pieds.

NOMS DES FABRICANTS.	LIEU de FABRICATION.	LEUR FABRICATION.
ALBERT - ROLLAND	Bessé	Futaines, cotonnades.
BESNARD	Bessé	Cotonnades, pantalons, retors.
MARY frères	Bessé	Cotonnades, pantalons.
DEFFRENNES	Lannoy	Tapis de table.
LEPREUX	Solre-le-Château	Molletons bon marché.
BAUCHÉ	Ferté-Bernard	Toiles, quinepeux, paillasse, emballage.
BRIN	Ferté-Bernard	Toiles, quinepeux, paillasse, emballage.
CHEVREAU	Ferté-Bernard	Toiles, quinepeux, paillasse, emballage.
CHERBUY	Châtillon-sur-Loing	Couvertures de laine verte.
MAZÈRES et fils.	Oloron-Ste-Marie (Basses-Pyrénées)	Couvertures de laine blanche très avantageuses.
TÉTARD	Beauvais	Tapis haute laine et moquettes.
VAYSON	Abbeville	Tapis moquette, et genre Aubusson.
SAINT frères	Flixecourt	Toiles en tous genres.
THIVEL	Bohain	Châles, lainages, velours.
MORLET et Cie.	Bohain	Châles, lainages, velours.

TISSAGES MÉCANIQUES AYANT DES MAISONS DE VENTE A PARIS.

NOMS DES TISSAGES.	LIEU DE FABRICATION.	PRODUCTION.	MAISON A PARIS.
J. BERNEY	Voiron	Toiles	Rue du Sentier, 41.
BERTRAND frères et Cie	Cambrai, Cour- trai et Belfast.	Toiles	Rue d'Uzès, 10.
CAUVIN ERNEST	Bertaucourt Saleux	Toiles	Rue de Lyon, 55.
DUFOUR	Allery	Toiles	Rue de la Monnaie, 19.
GUILLOUX	Armentières	Toiles	Rue Bertin-Poirée, 15.
CH. LEMAITRE	Halluin	Toiles	Rue du Mail, 17.
LEMAITRE-DEMESTÈRE	Halluin	Toiles	Rue Saint-Fiacre, 1.
MAGNIER-DUPLAY et Cie	Abbeville Cambrai	Toiles	Rue d'Uzès, 7.
SAINT frères	Flixecourt Saint-Ouen	Toiles Tissus pour ameublements.	Rue du Pont-Neuf, 4.
TURPAULT ALEXANDRE	Cholet	Toiles	Rue du Sentier, 35.
VILLARD, CASTELBON	Armentières	Toiles	Rue du Sentier.
CHENEST fils et GRANDGEORGE	Guise	Lainages	Rue des Jeûneurs, 23.
DUBOIS fils et Cie	Amiens	Lainages unis	Rue du Mail, 31.

NOMS DES TISSAGES.	LIEU DE FABRICATION.	PRODUCTION.	MAISON A PARIS.
Naude............	Reims........	Lainages......	Rue des Jeûneurs, 23.
Levalois et Delon........	Crèvecœur....	Lainages......	Rue du Sentier, 24.
Reumont fils............	Saint-Quentin..	Lainages......	Passage Violet, 2.
Bossuat et Gaudet........	Bohain........	Lainages......	Rue du Sentier, 6.
Coudret et Duché........	Ligny........	Lainages......	Rue du Sentier, 26.
Duché Paul............	Vadencourt....	Lainages......	Rue des Petits-Pères, 1.
Héloin............	Mont-d'Origny.	Lainages......	Rue du Sentier, 34.
Hussenot et Caen........	Seboncourt....	Lainages......	Rue du Mail, 16.
Camille Levent et Cortaillod.	Bohain........	Lainages......	Rue du Sentier, 13.
Levent, Frémoy et Cie........	Origny........	Lainages......	Rue du Sentier, 6.
	Saint-Quentin..	Piqués, rideaux.	
David, Trouillier et Adhémar.	Épinal........ / Tarare........	Guipures, calicots, mousselines en tous genres....	Rue du Sentier, 27 et 29.
Fera frères............	Estrées........	Mousselines, rideaux........	Rue d'Aboukir, 56.
Trocmé Paul............	Saint-Quentin..	Piqués, rideaux.	Rue des Jeûneurs, 38.
Bourdoux et Cie............	Tulle, Meymac.		Rue Saint-Fiacre, 12.
Duch Paulé............	Vadencourt...	Tapis........	Rue des Petits-Pères, 1.
Lorthiois frères........	Tourcoing.....	Tapis........	Rue de Cléry, 4.

PARMENTIER...............	Tourcoing......	Tapis..........	Rue des Jeûneurs, 30.
VANOUTRYVE et Cie..........	Roubaix........	Tapis..........	Rue du Sentier, 32.
CATTEAU ADOLPHE...........	Roubaix........	Tissus pour ameublements.	Rue des Jeûneurs, 16.
FAYOLLE et Cie............	Grougis........	......id......	Rue d'Aboukir, 39.
DEFFRENNES-DUPOUY........	Lannoy.........	Tapis de table, ameublements.	Rue de la Monnaie, 19.
HARTMAN DUMOITIEZ........	Saint-Quentin..	Rideaux, guipures..........	Rue de Cléry, 13.
LEGRAND frères...........	Mouy...........	Velours imprimés..........	Rue Sainte-Foy, 8.
ARBAULT et ESTRIBAUD.......	Paris..........	Couvre-pieds...	Rue du Mail, 13.
BOSSUAT et GAUDET.........	Bohain.........	Lainages.......	Rue du Sentier, 6.
BERGER et ROY............	Rouen.......... Munster...	Calicots.......	Rue des Jeûneurs, 38.
HARTMAN et fils...........	Rougegoutte... Senons....	Calicots.......	Rue du Sentier, 32.
VINCENT PONNIER..........	Moussey........	Calicots.......	Rue du Sentier, 30.
ARMAND BOUX.............	Seboncourt.....	Flanelles......	Rue de l'Échiquier, 30.
SOURGET et GÉRARD........	Sarthe.........	Ruchés, plissés et balayeuses.	Rue Saint-Denis, 151.
CHENEST fils et GRANDGEORGES..	Bohain........	Châles, lainages, velours.....	Rue des Jeûneurs, 23.

REPRÉSENTANTS DE FABRIQUE

Quelque complet que soit un voyage d'achats, il sera bien rare que quelques villes n'aient pas été négligées dans l'itinéraire que j'ai tracé ; bien des fois aussi, un voyage partiel sera seul nécessaire ; plus souvent encore, on n'entreprendra que le voyage de Paris.

Les fabriques les plus importantes de France et de l'étranger ont toutes leurs représentants à Paris ; quels que soient les articles dont vous ayez besoin, vous y trouverez des collections d'échantillons vous permettant de faire le choix le plus complet.

Pour trouver le nom des diverses manufactures représentées, et l'adresse de celui à qui est confiée la représentation, on n'aura qu'à consulter l'*Annuaire spécial des fa-*

bricants représentés à Paris, publié par Robillard et Cⁱᵉ, rue Abourg, 32.

En dehors des articles classiques de nos grandes villes manufacturières, dont les collections sont entre les mains d'un grand nombre de représentants, une quantité considérable d'autres articles français et étrangers, dont ci-dessous l'énumération, sont également représentés.

Draps anglais, draps de Verviers, de Tilburg et de Bischwiller ;

Velours d'Utrecht, de Crefeld, d'Elson et de Balstone ;

Velours unis et à côtes de Manchester ;

Bonneterie de Nîmes ;

Bonneterie de Chemnitz ;

Bonneterie de Saxe ;

Bonneterie anglaise, italienne, espagnole et allemande ;

Ganterie de Nîmes ;

Ganterie de Prague ;

Toiles pour stores de Courtray et d'Halluin ;

Tapis de table de Lannoy ;

Coutils belges ;

Boutons de Saxe et de Bohême ;

Soierie et foulards de Zurich ;

Chemises de Vienne ;

Gilets de chasse de Corbie ;

Tissus chaîne soie des environs d'Amiens ;

Gilets et caleçons, en laine et en coton, d'Italie ;
Broderie de Saint-Gall ;
Toiles de Belfast ;
Lingerie de Saint-Omer ;
Rubans et chenilles de Saint-Étienne ;
Tulle de Caudry ;
Dentelles de Lyon et du Puy ;
Impressions de Mulhouse, meubles, moleskines, creton-
   nes, calicots, percales ;
Tresses de Barnem ;
Dentelles de Saint-Pierre-lès-Calais ;
Flanelles de Mouy ;
Articles de Bradford, alpagas, pachas, melton, draps, etc. ;
Draperie belge ;
Moleskines belges ;
Tapis d'Aubusson.

La quantité des représentants de commerce
est innombrable, et je renonce à les citer tous;
je crois cependant utile de donner ici l'adresse
d'un certain nombre des plus connus, et chez
lesquels on trouvera des collections complètes
d'échantillons de toutes les places de fabrique,
de France et de l'étranger; il sera souvent
précieux de consulter ces collections.

CH. BARDOUX, rue Hauteville, 25.
BÉNÉDICTUS, rue du Sentier, 15.
C. BONNET, rue Mazagran, 9.
BOSSY-ROGER, rue d'Uzès, 5.

JULES CAHEN, rue Hauteville, 23.

E. DAUDÉ, rue d'Enghien, 23.

DUBAQUIER, boulevard Magenta, 121.

DUCHATEL, rue Paradis, 32.

GACHOD, Faubourg-Saint-Denis, 110.

HALL et Cie, rue de Cléry, 11.

HITSCHLER, rue de l'Échiquier, 18.

HIVONNAIT, avenue Quillou, 32.

HOFF LOUIS, rue Hauteville, 34.

ERNEST LEGUAY, rue des Bons-Enfants, 28.

MOREAU frères et FÉLIX, rue Hauteville, 52.

MOSER, rue de l'Échiquier, 37.

PAPLEUX, rue d'Enghien, 11.

POUMIER, Faubourg-Poissonnière, 70.

BEDLICH, boulevard Voltaire, 36.

RICHARD HENRI, rue d'Aboukir, 69.

ROUY et MARCILHACY, rue Martel, 5.

SCHLATTER et NESSLER, Faubourg-St-Denis, 54.

SILBERBERG, rue Hauteville, 11.

SHOH, rue des Petits-Carreaux, 14.

TRINQUESSE, rue Hauteville, 90.

WEBER, rue de l'Échiquier, 26.

WILSON, rue Hauteville, 92.

WOLFERS, rue Paradis, 22.

WURTEMBERG, rue Paradis, 40.

FILHON et BRUNETEAUX, rue Hauteville, 42.

BURÉ et ALLARD, rue des Petites-Écuries, 50.

GACHOD, Faubourg-Saint-Denis, 110.

CRAVATES ET CONFECTIONS

Nous avons tenu à ne citer dans notre Manuel aucun nom de maison intermédiaire ; nous avons voulu ne donner à nos lecteurs que des adresses de fabricants.

Sans condamner l'achat aux maisons de Paris, auxquelles des négociants importants ne dédaignent point de s'adresser, pour certains articles fantaisie où de trop grands métrages constituent un danger, nous persistons dans notre résolution de ne donner aucune adresse sur la place de Paris pour l'achat des tissus.

Nous ne nous départirons de cette réserve que pour la cravate et la confection ; ces deux spécialités étant des industries essentiellement parisiennes.

Nous donnons donc l'adresse d'un certain nombre de fabricants de cravates et de confection ; cette liste est plutôt un renseignement destiné à guider qu'une recommandation ; et nous n'entendons point dire que les maisons que nous avons citées sont seules capables de bien faire. Nous prendrons note de toutes les omissions qui nous seront signalées, et nous rectifierons à la prochaine édition.

FABRICANTS DE CRAVATES.

FROSSARD, rue des Jeûneurs, 36.
BEUNARDEAU, rue d'Aboukir.
FOURMON-BOUQUET, rue d'Aboukir.
GRELU, rue du Temple, 71.
HERTZ, rue d'Aboukir, 56.
DUMAS, rue Saint-Denis, 226.
KLOTZ jeune, place des Victoires, 2.
THAREL et SEL, rue Vivienne, 20.
VAISSIÈRE, rue d'Aboukir, 71.
PRÉVOST, rue Saint-Martin, 129.
SHÉRISSEY, rue du Mail, 17.
GRELLOU, rue Rambuteau, 84.
FOREAU, rue d'Aboukir.
LONCLE, rue du Sentier.

CONFECTION EN GROS POUR DAMES.

BUCHILLOT, rue du Temple, 171.
LÉON DESCHAMPS, rue d'Aboukir, 38.
DILLENSEGER, rue de Cléry, 29.
LEMAÎTRE, rue Montmartre, 6.
LÉVY et CAHEN, rue d'Aboukir, 42.
MARCADE, rue N.-D.-des-Victoires, 28.
MATHIEU, rue Palestro, 39.
OHRESSER, rue Montmartre, 130.
OUDOT, rue des Archives, 43.
MONNOT, rue d'Aboukir, 10.
DIEU, rue d'Aboukir, 25.
DIEU HENRI, rue de Cléry, 8.
ADRIEN DEFAY, rue Croix-des-Petits-Champs, 38
(Jerseys).

CONFECTIONS EN GROS POUR HOMMES
ET ENFANTS.

AKAR, place des Victoires, 1
BLUM et SALOMON, place des Victoires, 5.
CARRÉ, rue d'Allemagne, 16.
LAZARD, rue des Bons-Enfants, 20.
LÉVY, rue Montmartre, 62.
MALLET frères, Faubourg-Saint-Denis, 87.

OUDA SALOMON, rue Croix des Petits-Champs, 38.

LELEUX, rue Saint-Martin, 203.

DEUTCH et HELFT, place des Victoires, 8.

COMPTABILITÉ.

Je ne veux point faire ici un cours complet de tenue des livres; mais indiquer seulement, d'une façon très sommaire, les quelques écritures d'ordre, que, dans l'intérêt de sa maison, un négociant ne doit jamais négliger.

Je ne parlerai que pour mémoire du livre Brouillard, où l'on doit écrire ses ventes de crédit au fur et à mesure qu'elles se présentent; du Journal, où on les reportera tous les jours ou tous les huit jours, et du Grand-Livre où chaque client doit avoir sa page.

A ces trois livres indispensables, il est nécessaire d'ajouter un livre de caisse, où l'on écrira le montant de toutes ses ventes au comptant, et où l'on réservera une colonne pour enregistrer les sorties journalières, telles que : ports de lettres, de paquets, timbres, etc; et une autre pour inscrire toutes les sommes que l'on recevra, et qui ne font pas partie de la vente de la journée.

Tout commerçant doit avoir, en plus de ces quatre livres fondamentaux, un ou plusieurs autres registres, où il inscrit :

Toutes ses factures ;

Tous ses avis de traites ;

Toutes les traites qu'il tire sur ses clients.

Il lui faut également :

Un copie de lettres, où il copiera toute sa correspondance commerciale ;

Un double de commission, où il fera inscrire par les voyageurs la nomenclature des articles qu'il leur achètera. Sur ce livre, il faut avoir soin de tout faire écrire à l'encre, — ainsi le veut la loi, — en cas de contestation ;

Un livre de conditions, où il écrira provisoirement les marchandises qu'il aura confiées à des clients indécis;

Un dernier livre, aussi indispensable que tous les autres, devra servir à noter tous

les articles manquant en magasin, au fur
et à mesure qu'on s'en apercevra ;

Une ou plusieurs pages seront consacrées
à chaque rayon.

Ne négligez jamais, quel que soit le travail qui vous presse, de vérifier mensuellement toutes vos factures, articles par articles.

Une maison de nouveautés doit faire son
inventaire tous les ans, et profiter de cette
opération pour épurer ses rayons et mettre
à solder tous les articles que l'on trouvera
par trop défectueux.

Pour être dans le vrai, il est prudent de
surcharger son prix d'achat de 5 % ; ces
5 % supplémentaires ne sont point une exa-
gération ; ils ne représentent que les frais
de port, de voyage, d'emballage, de commission, etc. Ce prix surchargé de 5 % peut
être considéré comme le véritable prix coûtant de toutes les marchandises en magasin.

Lorsque vous faites votre inventaire, s'il
est juste d'estimer à leur prix d'achat tous
les articles classiques, il faut savoir sabrer

impitoyablement toutes les vieilles fantaisies, tous les draps démodés, tous les coupons, et tout le blanc défraîchi. Il faut se traiter comme on sera traité le jour où l'on voudra céder sa maison.

C'est le seul moyen de ne pas s'illusionner sur sa véritable situation, et de ne pas s'exposer à des regrets trop cuisants, lorsque deux experts démêleront le mieux qu'ils le pourront les intérêts respectifs de la partie prenante et de la partie cédante.

Triste métier que celui d'expert. Le sort qui attend infailliblement celui qui accepte une tâche aussi ingrate, ce sont les vociférations, quelquefois même les insultes, de la partie contre .laquelle vous opérez, et le mécontentement de celui dont vous vous efforcez de prendre les intérêts.

Le bon sens voudrait que pendant le temps que dure une expertise, les parties intéressées soient absentes; ce serait le mieux, et ça ne se fait jamais.

L'immense avantage de régler toutes ses factures à 30 jours, est assez clairement senti de tous nos lecteurs, pour que je n'aie pas besoin d'insister sur ce point.

Emprunter de l'argent à 8 % à un banquier est encore préférable à perdre son escompte; mais, dans ce cas, la plus grosse partie des bénéfices que vous réalisez par vos règlements s'en va au banquier.

Il faut trouver le moyen de se passer au plus tôt de cet intermédiaire, le plus coûteux de tous, et ne recourir à lui que dans les circonstances forcées.

Voici un des meilleurs procédés pour arriver de bonne heure à ne plus avoir besoin de ses services.

Toute personne qui achète une maison a généralement un temps plus ou moins long pour payer son vendeur; au lieu de devancer le terme de vos paiements, et de vous empresser de couvrir votre vendeur, au fur et à mesure que se grossit votre avoir, je vous conseille d'acheter des fonds d'État, ou des obligations du Crédit foncier; ce sont des valeurs de tout repos, et le jour où vous aurez besoin d'argent pour vos échéances les plus chargées, avec ces valeurs, vous n'aurez qu'à vous présenter aux guichets de la Banque de France, qui vous prêtera de l'argent à 4 %, contre le dépôt de vos titres.

Je ne saurais trop recommander à tous ceux qui ont souci de conserver intact leur capital, de bannir de leur portefeuille les valeurs de spéculation, quelles qu'elles soient; outre que la Banque de France ne fait aucune avance sur ces valeurs, on s'expose à perdre, quelquefois en peu de temps, le fruit de plusieurs années de travail.

J'engage les jeunes gens nouvellement installés dans une ville à être très circonspects avant de faire du crédit aux gens sur lesquels ils n'ont pas de références.

Au risque d'en froisser quelques-uns, prenez toujours bien vos précautions, et renseignez-vous.

Ne manquez pas, trois ou quatre fois par an, de visiter vos livres, et de presser les clients qui se font trop attendre.

Envoyez un avis de traite, ou faites paraître devant le juge de paix, lorsque vous aurez affaire à des clients trop récalcitrants; neuf fois sur dix, ce moyen vous réussira, et amènera ces mauvais clients à de meilleures dispositions.

MODÈLE D'AVIS DE TRAITE.

BOURDAIN
BLOIS.

Blois, le   *188* .

MONSIEUR,

J'ai l'honneur de vous donner avis que, pour me couvrir de mes factures dont détail ci-dessous, j'ai pris la liberté de disposer sur vous de Cent soixante francs, *au 15 décembre prochain.*

Veuillez en prendre note, et réserver bon accueil à ma signature. Sans observations de votre part jusqu'au courant, je donnerai cours à ma disposition.

Avec le renouvellement de l'offre de mes services, recevez, Monsieur, mes salutations empressées.

E. B.

1888 Mars.	15	Facture.....		110 fr.	
Mai.	20	Facture.....		50	
		Total....		160 fr.	

MODÈLE DE TRAITE.

B. P. F. 200.

Blois, le

Au Quinze Mars prochain, il vous plaira payer contre ce mandat à l'ordre de

la somme de Deux cents francs,

valeur en compte que passerez suivant avis.

A Monsieur

(Adresse du débiteur.)

(Signature du tireur.)

Lorsqu'on désire qu'en cas de non-paiement, la traite ne soit pas protestée, il faut mettre au dos : Sans frais.

MONNAIES

MESURES ÉTRANGÈRES

———⁂———

Un grand nombre de tissus sont vendus par l'étranger sur notre territoire.

Lorsqu'on s'adresse directement aux maisons anglaises ou allemandes, il est très utile de savoir convertir leurs mesures et leurs monnaies en mesures et en monnaies de France.

Un tableau des mesures et des monnaies étrangères nous a semblé devoir figurer utilement dans ce Manuel. Le lecteur, à l'aide de ce tableau, pourra consulter avec fruit les tarifs de l'étranger.

La Belgique, la Suisse et l'Italie ont, depuis longtemps déjà, adopté le système métrique pour leurs mesures et leurs monnaies.

Malgré l'adoption de cette mesure, qui est tout à l'honneur des classes dirigeantes de ces trois pays, ce n'est que très doucement que le peuple se détache de ses anciennes coutumes. La plupart des objets qui nous sont importés de ces pays nous arrivent encore étiquetés suivant leurs vieux systèmes ; aussi, avons-nous cru utile de faire connaître les mesures et les monnaies anciennes de ces trois pays, avec lesquels la France a des relations commerciales si étendues.

PUISSANCES.	MESURES DE LONGUEUR.	CON-VERSION.
		m.
ESPAGNE.	L'estado	1.67
PORTUGAL	Palme..................	0.22
	Vare	1.10
ANGLETERRE.......	Fathom.................	1.82
	Yard...................	0.91
	Chain..................	20. »
ALLEMAGNE et PRUSSE	Stal.	1. »
	Neuzoll.................	0.01
AUTRICHE...........	Elbe....................	0.77
HOLLANDE.	Ellen...................	1. »
RUSSIE.............	Archine................	0.71
	Sagène.................	2.13
AMÉRIQUE	Système de mesures français autorisé et très usité.....	» »
BELGIQUE.	Aune de Brabant.........	0.70
	Pied....................	0.28
ITALIE.............	Brasse..................	0.64
	Palme	0.26
	Raso	0.54
SUISSE.............	Pied....................	0.31
	Aune...................	0.61
SUÈDE.............	Pied....................	0.20
NORVÈGE .... DANEMARK...........	Le système métrique décimal vient d'être adopté par ces deux États.	

PUISSANCES.	MONNAIES.	CON-VERSION.
		fr.
ESPAGNE..........	Escudo	2.59
	Doublon, dit Isabelle.	25.99
	Peseta..................	0.93
	Piastre	4.92
ANGLETERRE.......	Sovereign................	25.22
	Half Sovereign	12.60
	Schilling................	1.16
	Crown..................	6.18
	Penny..................	0.09
PORTUGAL	Tosta..................	0.50
	Reiss..................	0.05
ALLEMAGNE ET PRUSSE	Mark..................	1.11
	Thaler..................	3.70
	Ducat..................	11.85
	Gulden	2.11
AUTRICHE.........	Ducat	26. »
	Fuss..................	0.81
	Florin.................	2.50
HOLLANDE	Florin	2.09
	Ducat	11.83
RUSSIE............	Rouble	3.93
AMÉRIQUE	Dollar..................	5.18
NORVÈGE.........	Livre sterling	25.20
TURQUIE..........	Livre sterling............	25. »
EMPIRE INDIEN, BRÉSIL, CANADA, CAP DE BONNE-ESPÉRANCE, RÉPUBLIQUE ARGENTINE...	Livre sterling............	25.20
DANEMARK........	Couronne	1.39

CONSEILS

AUX

EMPLOYÉS DE COMMERCE

Un hardi penseur, dont les travaux philosophiques sont en ce moment admirés du monde savant, a démontré dans son dernier ouvrage, en appuyant ses démonstrations d'arguments irréfutables, qu'il n'y a que par l'initiative individuelle que l'homme peut améliorer son sort, progresser et conséquemment faire progresser son pays. En effet, s'il y a un principe d'humanité qui pousse parfois les forts à aider et à secourir les faibles, il y a un autre principe, qui prend son origine dans le sentiment de conservation que nous possédons tous, qui doit nous porter individuellement à nous défendre nous-mêmes, et à être les propres instruments de notre bien-être et de notre liberté.

Implorer pour avoir le nécessaire humilie l'homme de cœur, le recevoir d'une société dont il est membre, le grandit à ses propres yeux. La prévoyance est une vertu qui dispense l'homme de faire appel à la charité.

Ce sentiment de conservation, cet amour du moi, a poussé les hommes de toutes les corporations à s'unir et à se fédérer pour être en mesure de s'aider et de se secourir dans les moments difficiles de la vie. Les moments difficiles pour l'employé de commerce, c'est le chômage et la maladie. Le chômage est dû dans cette profession à une foule de circonstances souvent indépendantes de celui qui en subit les conséquences.

Lorsque, pour une cause ou pour une autre, les administrateurs chargés de veiller aux intérêts des quelques grands magasins de Paris trouvent le personnel trop nombreux, ils décident le renvoi d'une partie des employés.

Ce sont les chefs de rayon qui sont chargés

de ces exécutions. On dit rarement aux intéressés le vrai motif de leur renvoi ; mais on profite d'un quart d'infraction aux règles de la maison pour éclaircir les rangs du personnel.

Je ne prétends point récriminer contre cet état de choses, qui, malheureusement, est le même pour les employés de toutes les professions ; notre mauvaise organisation sociale en est la seule cause ; je constate seulement un fait, et je donne aux employés qui ont l'intention de faire un stage dans les diverses maisons de tissus de Paris, le conseil suivant :

Ayez la prévoyance de prélever sur vos appointements mensuels la modique somme nécessaire pour faire partie d'une des sociétés de secours mutuels, organisées pour les employés de commerce ; sociétés qui vous donneront, lorsque vous serez malade, des soins et des médicaments gratuitement, et qui vous alloueront, lorsque vous serez sans place, une somme suffisante pour vivre modestement, en attendant que vous trouviez un emploi.

Si vous prenez cette sage mesure de précaution, quoi qu'il vous arrive, vous pourrez
envisager l'avenir sans trop de crainte, et,
grâce à la petite allocation qui vous sera
donnée par la société dont vous ferez partie,
prendre vos dispositions et votre temps
pour vous caser dans une nouvelle maison.

Parents, qui laissez partir vos enfants pour
la capitale, afin qu'ils y étudient les difficultés
commerciales, peut-être ne vous doutez-vous
point des dangers que va courir leur santé,
dans ces grands magasins où vous vous dis-
posez à les envoyer s'enfermer.

J'ai vu de près la vie de ces grandes maisons où tous les jeunes gens aspirent à entrer.
Les plus belles santés s'y étiolent, les hommes
les plus robustes y dépérissent.

En effet, il est généralement demandé à
ces jeunes gens à peine formés, un travail supérieur à ce que peut fournir un être humain;
le gain étant en proportion du travail fourni,
c'est-à-dire du chiffre d'affaires fait par chaque
employé, loin de se plaindre du travail

exagéré qui leur est imposé, tous l'acceptent
gaiement.

Tout le monde connaît les mauvaises conditions hygiéniques dans lesquelles ces jeunes
gens sont placés ; condamnés à respirer le
jour un air vicié par la foule qui encombre les
allées sinueuses et étroites de ces sortes de
halles fermées, et le soir, un air plus malsain
encore ; la chaleur du gaz venant s'ajouter à
l'impureté de cette atmosphère déjà empoi-
sonnée, où respirent, au milieu de mille globes
enflammés, trois ou quatre mille créatures
humaines.

Vous savez aussi que la nourriture donnée
dans ces maisons laisse beaucoup à désirer.

Vous n'ignorez pas non plus, que ces jeunes
gens, pleins de santé et à l'âge où les passions sont dans toute leur force, terminent
leur journée à une heure bien avancée dans
la nuit, quoiqu'il leur faille reprendre leur
travail le lendemain de grand matin.

Je sais bien que s'ils avaient la prudence
aussitôt sortis de leurs magasins d'aller demander au sommeil le repos qui leur est né-

cessaire, leur santé n'aurait pas tant à souffrir ; mais Paris a ses séductions et les passions leurs exigences ; j'en appelle au souvenir de tous ceux qui ont eu vingt ans.

Je réclame donc au nom du grand principe d'humanité qui doit nous animer tous, un peu de protection sociale pour cette catégorie de travailleurs, aussi intéressante que toutes les autres classes ouvrières.

Je réclame pour eux la limitation de la journée à dix heures de travail par jour ; mais limitation effective, forcée, avec une clause inscrite dans la loi assimilant aux délits de coups et blessures toute infraction à cette loi.

Toutes les mauvaises conditions réunies dans lesquelles se trouvent les employés de commerce sont pour eux la source d'une foule de maladies, qui, soignées au début, peuvent être de peu de gravité, mais qui, négligées, conduisent souvent au tombeau les malheureux qui en sont atteints.

Négligées, elles le sont presque toujours ; parce que tous ces jeunes gens, insouciants et imprévoyants comme on l'est à leur âge, n'ont jamais assez d'argent pour leurs plaisirs.

Pour remédier à ce funeste état de choses, dont vous devez craindre et redouter les conséquences, je fais appel à vous, pères de famille, qui, éloignés de vos enfants, devez être souvent pleins d'inquiétude sur l'état de leur santé.

Exigez d'eux qu'ils fassent partie d'une de ces sociétés de secours mutuels, qui leur offrent des secours immédiats en cas de maladie, et faites-leur la recommandation de ne jamais laisser sans soins la moindre indisposition.

La vie sans la santé est un pesant fardeau ; la fortune sans la santé un bien méprisable.

Je termine en donnant le nom et l'adresse des diverses sociétés ayant pour but de secourir et d'aider les employés et les demoiselles de magasin malades ou sans emploi.

ASSOCIATION DE SECOURS MUTUELS DES VOYAGEURS ET DES COMMIS DE L'INDUSTRIE ET DU COMMERCE.

Président : Dietz-Monnin.

Siège social : boulevard Sébastopol, 53.

L'AVENIR, société de secours des dames et des demoiselles de commerce.

Président : Jules Jaluzot.

Siège social : rue de Grammont, 20.

ASSOCIATION DES DEMOISELLES EMPLOYÉES DANS LE COMMERCE, société de secours mutuels.

Présidente : Sœur Saint-Augustin.

Siège social : rue Vaugirard, 106.

UNION DES EMPLOYÉS DE COMMERCE ET DE L'INDUSTRIE DU DÉPARTEMENT DE LA SEINE, société de prévoyance et de secours mutuels.

Président : Coquillard.

Siège social : rue Boucher, 8.

SOCIÉTÉ DES VOYAGEURS DE COMMERCE.

Président : Carton.

Siège social : boulevard de Strasbourg, 61.

TABLE DES MATIÈRES.

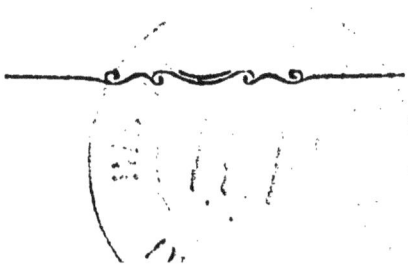

ENSEIGNEMENT PROFESSIONNEL

BIBLIOTHÈQUE

DES

PROFESSIONS

INDUSTRIELLES, COMMERCIALES et AGRICOLES

PARIS

J. HETZEL ET Cie, ÉDITEURS

18, RUE JACOB, 18

CATALOGUE C.-K.

Bibliothèque des Professions industrielles, commerciales et agricoles

Le premier mérite des volumes qui composent cette ENCYCLOPÉDIE c'est d'être accessibles par la forme, par le fond et par le prix, aux personnes qui ont le plus souvent besoin d'indications pratiques sur la profession dont elles font l'apprentissage, ou dans laquelle elles veulent devenir plus intelligemment habiles.

A ces personnes, dont le nombre est très grand, il faut des *guides pratiques exacts*, d'un format commode, d'un prix modéré, rédigés avec clarté et méthode, comme est clair et méthodique l'enseignement direct du professeur à l'élève ou celui du maître à l'apprenti. Telle a été la pensée qui a présidé à la publication de la *Bibliothèque des professions industrielles, commerciales et agricoles*.

Elle se compose de *onze séries*, qui se subdivisent comme suit :

A. Sciences exactes. — B. Sciences d'observation. — C. Art de l'Ingénieur. — D. Mines et Métallurgie. — E. Professions commerciales. — F. Professions militaires et maritimes. — G. Arts et métiers, Professions industrielles. — H. Agriculture, Jardinage, etc. — I. Economie domestique, Comptabilité, Législation, Mélanges. — J. Fonctions politiques et administratives, Emplois de l'Etat, Départementaux et Communaux, Services publics. — K. Beaux-arts, Décoration, Arts graphiques.

Les volumes de cette collection sont publiés dans le format grand in-18, la plupart d'entre eux sont illustrés de gravures qui viennent mieux faire comprendre le texte ; des atlas renferment les dessins qui exigent d'être représentés à grandes échelles et avec plus de détails.

L'ENVOI est fait franco pour toute demande dépassant 15 francs et accompagnée de son montant en billets de banque, timbres-poste, mandats-poste, chèques ou mandats à vue sur Paris, coupons de valeur (déduction faite de l'impôt de 3 0/0).

Le prix du port est de 30 centimes pour les volumes de 3 francs et au-dessous ; 40 centimes pour les volumes de 4 francs ; 50 centimes pour les volumes de 5 et 6 francs ; — 60 centimes pour les volumes au-dessus de ce prix.

NOTA. — Les ouvrages marqués d'un ✳ ont été choisis par le ministère de l'Instruction publique pour faire partie des catalogues des bibliothèques publiques scolaires. Le deuxième ✳, plus petit, désigne les ouvrages choisis pour être distribués en prix.

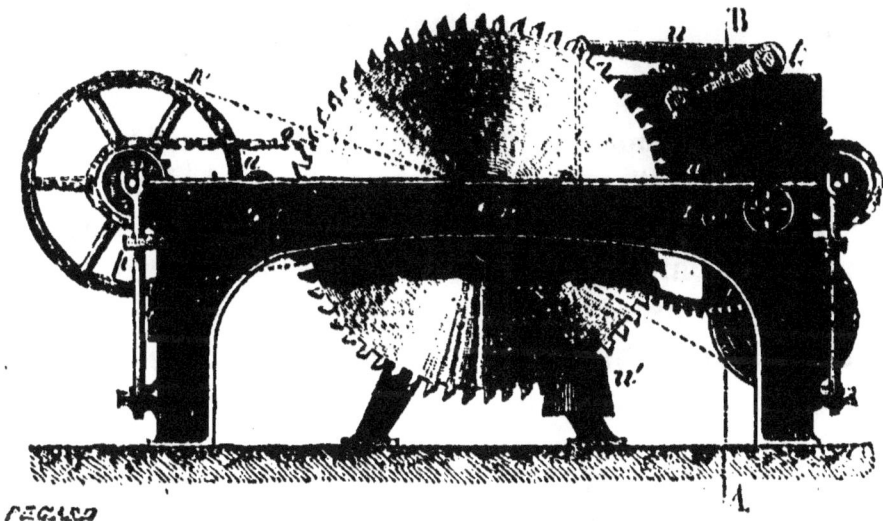

Figure spécimen du *Guide pratique de l'ouvrier mécanicien*. (Voir page 44.)

BIBLIOTHÈQUE

DES

PROFESSIONS INDUSTRIELLES

COMMERCIALES ET AGRICOLES

Parmi les bibliothèques spéciales, techniques plutôt, qui tiennent ou commencent à tenir une si grande place dans la librairie contemporaine, il faut citer au premier rang la *Bibliothèque des Professions industrielles, commerciales et agricoles*, mise en vente par la librairie Hetzel, et qui comprend déjà 121 ouvrages formant 124 volumes accompagnés de 4 atlas. Le champ est vaste de toutes les connaissances exigées, ou qui devraient l'être, par ceux, — et le nombre en est de plus en plus considérable, — qui se destinent à l'industrie, au commerce ou à l'agriculture. Autrefois, il n'y a pas longtemps encore, la seule science à peu près reconnue était la routine. En tout, partout, dans

les grandes comme dans les petites exploitations, on tenait
à ne pas s'éloigner des habitudes et des traditions transmises. Cela faisait, en quelque sorte, partie de l'héritage.

Depuis quelques années, nous commençons, en France,
à nous affranchir de ces méthodes arriérées. C'était bon de
s'enfermer dans sa coquille quand les communications
étaient difficiles, quand on se suffisait, pour ainsi dire, chacun chez soi, et quand on n'avait qu'un médiocre intérêt à
suivre les progrès de l'industrie, par exemple, puisque la
production répondait à la consommation. Aujourd'hui, ce
n'est plus tout à fait cela; c'est à qui fera le mieux, et, en
même temps, fera le plus vite. La rapidité des transports,
la rapidité des demandes qui peuvent être transmises, le
même jour, d'un bout du monde à l'autre, ont provoqué
une concurrence presque sans limites, et c'est tant pis
pour ceux qui, s'en tenant aux vieux moyens, n'ont à
leur service qu'un outillage inférieur. N'en pourrait-on
dire autant pour l'agriculture, si complètement transformée
depuis quelques années? et même pour le commerce, dont
les relations, au lieu d'être limitées, confinées dans un
certain rayon, sont aujourd'hui universelles?

Quoi de plus naturel que d'étudier les conditions nouvelles auxquelles sont soumises les industries diverses, les
transactions commerciales, les exploitations agricoles? Et
en même temps, quoi de plus curieux, pour cette partie du
public éclairé et qui aime d'autant plus à s'instruire, que
l'étude rendue claire et facile, de ces trois choses qui sont
les bases mêmes de la fortune d'un pays? Les spécialistes
n'ont qu'à choisir, dans les rayons de cette bibliothèque,
pour trouver aussitôt ce qui les concerne et les intéresse.
Autant de branches de la science, autant de traités particuliers, composés et écrits par les savants les plus autorisés
et les professeurs les plus compétents.

La collection comprend onze séries consacrées à des ouvrages spéciaux, mais réunis tous, cependant, par un lien

commun. Ainsi, il y a une série pour les sciences exactes, une autre pour les sciences d'observation. Dans la troisième, se trouve traité, sous ses différents aspects, l'art de l'ingénieur ; la quatrième s'occupe des mines et de la métallurgie. Ici sont étudiées les machines motrices ; là les professions militaires et maritimes. Plus loin, sous la rubrique Arts et Métiers, sont passées en revue les professions industrielles ; puis enfin l'agriculture, le jardinage et tout ce qui s'y rattache, l'étude des eaux, des bois et forêts, et enfin l'économie domestique. On voit tout ce qui peut tenir de traités particuliers dans cette nomenclature générale. Chacun a son volume, accompagné de dessins explicatifs et de figures, quand il est nécessaire, pour les mieux mettre à la portée du public.

Il est aisé de comprendre qu'une telle collection ne peut pas être exactement limitée, par la raison bien simple qu'elle doit se tenir à la hauteur du mouvement, c'est-à-dire du progrès, et tenir compte des inventions nouvelles qui, sans bouleverser de fond en comble les systèmes adoptés, les transforment en partie, ou tout au moins les modifient. Telle qu'elle est, on peut la considérer déjà comme supérieure à tout ce qui existe dans le même ordre d'idées. Le cadre général est plus vaste et peut s'élargir encore ; quant aux traités particuliers, comment n'offriraient-ils pas toutes les garanties désirables, grâce aux noms des spécialistes qui les ont rédigés ? La physique, la chimie, les sciences naturelles, d'un côté, la géométrie, l'algèbre, de l'autre, sont enseignées de la façon la plus claire, et, ce qu'il ne faut pas oublier, par des moyens mis à la portée des gens du monde désireux d'acquérir des connaissances au moins superficielles sur toutes choses.

Ce qui caractérise notre époque, est un immense besoin de savoir. On veut au moins des notions sur toutes choses. Comment les propriétaires, par exemple, pourraient-ils se rendre compte des engagements imposés à leurs fermiers, s'ils n'étaient, eux-mêmes, au fait des exigences de l'agriculture? Et il en est partout ainsi.

Cette bibliothèque répond donc à un besoin réel, à un moment où la machine remplace de plus en plus les bras et où le mécanicien fait des progrès constants. Rien de plus clair et de plus complet n'a été fait jusqu'à ce jour, ni de plus réellement utile. C'est l'encyclopédie du dix-neuvième siècle, qui se recommande aussi bien par la variété des sujets que par la valeur propre de chacun d'eux, où l'on trouve, en même temps que les vues d'ensemble, les guides pratiques de toutes les industries en exploitation et de toutes les professions et métiers. Nous ne saurions trop la recommander aux gens du monde curieux de notions générales, ainsi qu'aux personnes désireuses d'apprendre ou d'approfondir une spécialité.

Gravure spécimen du *Manuel pratique de Jardinage*. (Voir page 40.)

LISTE DES OUVRAGES

PAR ORDRE DE SÉRIE

SÉRIE A

SCIENCES EXACTES

1. **P. Leprince.** Principes d'algèbre. 1 vol. . . . . 5 »
2. **Lenoir.** Calculs et comptes faits. . . . . 4 »
3-4. **Ch. Rozan.** Leçons de géométrie. 1 vol. et un atlas. . 6 »
5-6. **Ortolan** et **Mesta.** Dessin linéaire. 1 vol. et un atlas. 6 »

SÉRIE B

SCIENCES D'OBSERVATION

CHIMIE — PHYSIQUE — ÉLECTRICITÉ

1. **D⁰ Sacc.** Chimie minérale. 1 vol. 3 50
2. ——— Chimie organique. 1 vol 3 50
3-4. **Hetet.** Chimie générale élémentaire. 2 vol. . . . . . 10 »
5. **Chevalier.** L'étudiant photographe. 1 vol. . . . . . . 3 »
6. **Gaudry.** Essais des matières industrielles. 1 vol. . . . 4 »
7. **B. Miège.** Télégraphie électrique. 1 vol. . . . . 2 »
8. **Du Temple.** Introduction à l'étude de la physique. 1 vol. 4 »
9. **Flammarion (C.)** Manuel pratique de l'astronome (*en préparation*). . . . . » »
10. **Frésenius** et **Will.** Potasses, soudes. 1 vol. . . . . . 2 »
11. **Liebig.** Introduction à l'étude de la chimie. 1 vol. . . 3 »
12. **J. Brun.** Fraudes et maladies du vin. 1 vol. . . . . . 3 »

SÉRIE C

ART DE L'INGÉNIEUR

PONTS ET CHAUSSÉES — CHEMINS DE FER — CONSTRUCTIONS CIVILES

SÉRIE D

MINES ET MÉTALLURGIE

GÉOLOGIE — HISTOIRE NATURELLE

4. **Fairbairn**. Le fer. 1 vol.. . . . . 4 »
5. **L.-B.-J. Dessoye**. Emploi de l'acier. 1 vol. . . . . . 4 »
6. **Landrin**. Traité de l'acier. 1 vol.. . . . . 5 »
7. **Agassiz** et **Gould**. Manuel du Naturaliste — Zoologie —
    (*en préparation*). . . . . » »
11. **C. A.** et **Tissier**. Aluminium et métaux alcalins. 1 vol. 3 »
12. **Guettier**. Alliages métalliques. 1 vol. . . . . 3 »
15. **Drapiez**. Minéralogie usuelle. 1 vol. . . . . 3 »
18. **Malo**. Asphalte et bitumes. 1 vol.. . . . . 4 »

SÉRIE E

PROFESSIONS COMMERCIALES

1. Manuel des Entreprises commerciales (*en préparation*). » »
2. Manuel du Commerce des Tissus (*en préparation*) . . » »
3. Manuel du Caissier (*en préparation*). . . . . » »
4. **Emion**. La liberté et le courtage des marchandises
    (*épuisé*). » »

SÉRIE F

PROFESSIONS MILITAIRES ET MARITIMES

1. **Doneaud**. Droit maritime. 1 vol. . . . . 3 »
2. **Bousquet**. Architecture navale. 1 vol.. . . . . 2 »
3. **Tartara**. Code des bris et naufrages. 1 vol. . . . . . 7 »
4. **Steerk**. Poudres et salpêtres. 1 vol.. . . . . 6 »

SÉRIE G

ARTS ET MÉTIERS
PROFESSIONS INDUSTRIELLES

1. **Barset**. Culture et alcoolisation de la betterave. 1 vol. 3 »
2. **Rouland**. Nouveaux barèmes de serrurerie. 1 vol. . . 4 »
3. **Dubief**. Guide du Féculier et de l'Amidonnier. 1 vol.. 4 »
4. **Souviron**. Dictionnaire des termes techniques. 1 vol. . 6 »

SÉRIE H

AGRICULTURE

JARDINAGE. — HORTICULTURE. — EAUX ET FORÊTS.
CULTURES INDUSTRIELLES. — ANIMAUX DOMESTIQUES. — APICULTURE.
PISCICULTURE.

11. **Gossin**. Conférences agricoles. 1 vol. . . . .   1 »
12. **Sourdeval**. Élevage et dressage du cheval (*en prépara-
      tion*) . . . .   » »
13. **Bourgoin d'Orly**. Cultures exotiques. 1 vol. . . . .   4 »
14. **Dubos**. Choix de la vache laitière. 1 vol. 2 50
15. **Dubief**. Le Trésor des vignerons et marchands de vin.
      1 vol. . . . .   3 »
16. **Canu et Larbalétrier**. Météorologie agricole. 1 vol. .   2 »
17. **Marlot-Didieux**. L'éducateur de lapins. 1 vol. 2 50
18.   —   Éducation lucrative des poules. 1 vol.   3 50
19.   —   — des oies et canards. 1 vol.   2 50
21.   —   Le chasseur médecin. 1 vol. . . . .   2 »
23. **Courtois-Gérard**. Culture maraîchère. 1 vol. . . . . .   5 »
32. **Gobin**. Culture des plantes fourragères. Prairies natu-
      relles. 1 vol. . . . .   3 »
33.   —   Culture des plantes fourragères. Prairies artifi-
      cielles. 1 vol. . . . .   3 »
40. **Fleury-Lacoste**. Le Vigneron. 1 vol. . . . .   3 »
41. **Courtois-Gérard**. Manuel pratique du jardinage. 1 vol.   5 »
42. **Koltz**. Culture du saule et du roseau. 1 vol. . . . . .   2 »
43. **Sicard**. Culture du cotonnier. 1 vol. . . . .   2 »
48. **Lunel**. Acclimatation des animaux domestiques. 1 vol.   3 »
52. **F. Fraiche**. Guide de l'ostréiculteur. 1 vol. . . . . . .   3 »
53. **Touchet**. Vidange agricole. 1 vol. . . . .   1 »
55. **Pouriau**. Chimiste agriculteur. 1 vol. . . . .   6 »
56. **Lerolle**. Botanique appliquée. 1 vol. . . . .   6 »

SÉRIE I

ÉCONOMIE DOMESTIQUE

COMPTABILITÉ. — LÉGISLATION. — MÉLANGES

1. **Dubief**. Fabrication des vins factices. 1 vol. . . . . . .   2 »
2. **Lunel**. Économie domestique. 1 vol. . . . .   2 »
3. **Germinet**. Chauffage par le gaz. 1 vol. . . . .   4 »
4. **Dubief**. Le Liquoriste des dames. 1 vol. . . . .   3 »
5. **Hirtz**. Coupe et confection des vêtements de femmes
      ou d'enfants. 1 vol. 3 50
6. **Dufréné**. Droits des inventeurs. 1 vol. . . . .   3 »
8. **Baude**. Calligraphie. 1 vol. . . . .   5 »
9. **Lescure**. Traité de géographie. 1 vol. . . . .   3 »
10. **Block (M.)**. Principes de législation pratique appliquée
      au Commerce, à l'Industrie et à l'Agriculture. 1 vol.   4 »

12. **Emion**. Manuel des expropriés. 1 vol. . . . . 1 »
14. **Lunel**. Hygiène et médecine usuelle. 1 vol. . . . . . . 2 »
16. **J. d'Omalius d'Halloy**. Manuel d'Ethnographie. 1 vol. 4 »

SÉRIE J

FONCTIONS POLITIQUES & ADMINISTRATIVES

EMPLOIS DE L'ÉTAT, DÉPARTEMENTAUX, COMMUNAUX
SERVICES PUBLICS

1. **Mortimer d'Ocagne**. Les grandes Écoles de France, 1 vol. 3 »
2. **Mortimer d'Ocagne**. Choix d'une carrière (*en préparation*). . . . . » »
3. **J. Albiot**. (*Code départemental*). Manuel des Conseillers généraux. 1 vol. . . . . 4 »
4. Manuel des Conseillers communaux. 1 vol. (*en préparation*) . . . . » »
6. **Lelay (E.)**. Lois et règlements sur la Douane. 1 vol. . 4 »
7. **Laffolay**. Nouveau manuel des octrois. 1 vol. . . . . 4 »

SÉRIE K

BEAUX-ARTS — DÉCORATIONS
ARTS GRAPHIQUES

1. Introduction à l'étude des Beaux-Arts (*en préparation*). » »
2. **Viollet-le-Duc**. Comment on devient dessinateur. 1 vol. 4 »
3. **Pellegrin**. Perspective. 1 vol. . . . . 4 »

Le cartonnage toile de chaque volume se paye 0,50 c. en plus des prix indiqués.

TABLE DES MATIÈRES

TRAITÉES DANS LA

BIBLIOTHÈQUE DES PROFESSIONS

INDUSTRIELLES, COMMERCIALES ET AGRICOLES

Collection de volumes grand in-18

BIBLIOGRAPHIE RAISONNÉE

A

ACCLIMATATION DES ANIMAUX DOMESTIQUES (*Guide pratique de l'*), étude des animaux destinés à l'acclimatation, la naturalisation et la domestication : Animaux domestiques, méthodes de perfectionnement, mammifères, oiseaux, poissons, insectes, précédée de considérations sur les climats et de l'Exposé des classifications d'histoire naturelle, etc., par le docteur LUNEL, 1 volume avec figures dans le texte. . . . . 3 fr.

M. le docteur Lunel a résumé les notions concernant l'acclimatation disséminées dans un grand nombre d'ouvrages volumineux. Ce livre sera consulté avec fruit par toutes les personnes qu'intéresse la grande question de l'acclimatation. Il peut être considéré comme un guide sûr dans les jardins d'acclimatation où sont réunies toutes les races d'animaux indigènes et étrangères, et il donne d'une manière concise et substantielle les notions usuelles nécessaires pour l'étude des animaux destinés à l'acclimatation, la naturalisation et la domestication.

ACIDES (Voir Chimie, page 23, et Potasses, page 54).

ACIER (*Guide pratique de l'emploi de l'*), ses propriétés, avec une introduction et des notes de Ed. GRATEAU, ingénieur civil des mines, par J.-B.-J. DESSOYE, ancien manufacturier, 1 volume................ 4 fr.

Ce livre constitue une véritable monographie de l'acier. M. Dessoye prend l'art de fabriquer l'acier à son origine et nous montre ses progrès. Il signale la nature et les propriétés natives de l'acier, en indique les différents modes d'élaboration et termine son guide par une étude sur l'emploi de l'acier dans les manipulations qu'on lui fait subir. Comme le fait remarquer M. Grateau dans sa savante introduction, ce livre s'adresse à tous ceux qui sont appelés à acheter et à consommer de l'acier d'une qualité quelconque, sous toute forme, et il devra être consulté par tous les praticiens.

Extrait de la table. — Considérations préliminaires. — Études historiques sur la fabrication de l'acier. — Études générales sur l'existence des propriétés natives. — Études sur l'emploi de l'acier, considéré dans ses propriétés caractéristiques. — De l'emploi de l'acier considéré dans les manipulations qu'on lui fait subir.

ACIER (*Traité de l'*), théorie métallurgique, travail pratique, propriétés et usages, par H.-C. LANDRIN fils, ingénieur civil, 1 volume, avec figures......... 5 fr.

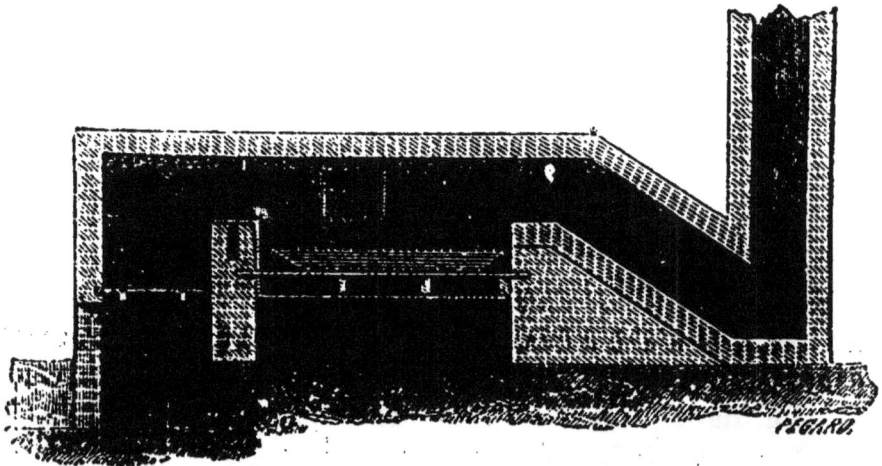

Figure spécimen du *Traité de l'acier.*

Les deux ouvrages de MM. Landrin et Dessoye se complètent l'un par l'autre. Ils donnent au complet la fabrication et l'emploi de l'acier. Nous avons dit, en parlant de celui de M. Dessoye, en quoi consistait son étude; nous allons, par un extrait de la table des matières du livre de M. Landrin, indiquer en quoi il complète le précédent. — Histoire de l'acier, sa découverte, sa métallurgie dans l'antiquité et dans les différentes contrées. — De la chaleur, de l'oxygène, du soufre, de la chaux, des minerais de fer, des combustibles. — De l'acier et de sa théorie. — Théorie de Réaumur, docimasie. — Métallurgie, acide naturel, acier de fonte, acier paddlé, acier cimenté, acier de fusion, acier du Wootz.

Nouveaux procédés : Procédé Chenot, procédé Bessemer, procédé Taylor, procédé Uchatius, acier damassé. *Etoffes :* Travail de l'acier, raffinage, soudure, recuit à la forge, trempe, recuit à la trempe, écrouissage. *Propriétés de l'acier :* Des limes, du fil d'acier, des aiguilles, tôle d'acier, des scies.

AGENT VOYER (Voir Ponts et Chaussées, page 53).

AGRICULTURE GÉNÉRALE (*Guide pratique d'*), par A. GOBIN, 1 vol. — **En réimpression.** —

ALGÈBRE (*Principes d'*), par Paul LEPRINCE, ingénieur, ancien élève de l'Ecole d'arts et métiers de Châlons-sur-Marne, 1 volume avec figures . . . . . 5 fr.

Un ouvrage de ce genre n'a pas encore été publié. Il indique les moyens les plus prompts et les plus simples à employer pour parvenir à la solution des problèmes. Il ne comprend que la marche pratique à suivre en algèbre pour arriver aux formules appliquées dans l'industrie en général.

ALLIAGES MÉTALLIQUES (*Guide pratique des*), par A. GUETTIER, ingénieur, directeur de fonderies, etc. 1 volume . . . . 3 fr.

Après avoir donné quelques explications préliminaires sur les propriétés physiques et chimiques des métaux et des alliages, l'auteur examine au point de vue des alliages entre eux les métaux spécialement industriels, c'est-à-dire d'un usage vulgaire très répandu (cuivre, étain, zinc, plomb, fer, fonte, acier). Il donne ensuite quelques indications générales sur les métaux appartenant aux autres industries, mais n'occupant qu'une place secondaire (bismuth, antimoine, nickel, arsenic, mercure), et sur des métaux riches appartenant aux arts ou aux industries de luxe (or, argent, aluminium, platine) ; enfin, il envisage les métaux d'un usage industriel restreint, au point de vue possible de leur association avec les alliages présentant quelque intérêt dans les arts industriels.

ALUMINIUM et MÉTAUX ALCALINS (*Guide pratique de la recherche, de l'extraction et de la fabrication de l'*). Recherches techniques sur leurs propriétés, leurs procédés d'extraction et leurs usages, par Charles et Alexandre TISSIER, chimistes-manufacturiers. 1 volume, 1 planche et figures dans le texte . . . . 3 fr.

Les notions sur l'aluminium se trouvaient disséminées dans des recueils nombreux publiés en France et à l'étranger. Les auteurs de ce guide ont eu l'idée de faire de ces notions éparses un tout homogène dans lequel, après avoir retracé l'historique de la préparation des métaux alcalins, ils esquissent l'histoire de la préparation de l'aluminium. Des chapitres spéciaux sont consacrés à la fabrication industrielle et aux propriétés physiques et chimiques de ce nouveau métal, qui a conquis très rapidement une grande place dans l'industrie.

AMIDONNIER (Voir Féculier et Amidonnier, p. 34).

ANIMAUX (Voir Habitations des Animaux, page 37).

ANIMAUX DOMESTIQUES (Voir Acclimatation des Animaux domestiques, page 13).

ARCHITECTURE (*Introduction à l'étude de l'*), par VIOLLET-LE-DUC. — **En préparation.** —

ARCHITECTURE NAVALE (*Guide pratique d'*) à l'usage des capitaines de la marine du commerce, appelés à surveiller les constructions et les réparations de leurs navires, par Gustave BOUSQUET, capitaine au long cours, ingénieur, 1 volume avec figures dans le texte . . . . 2 fr.

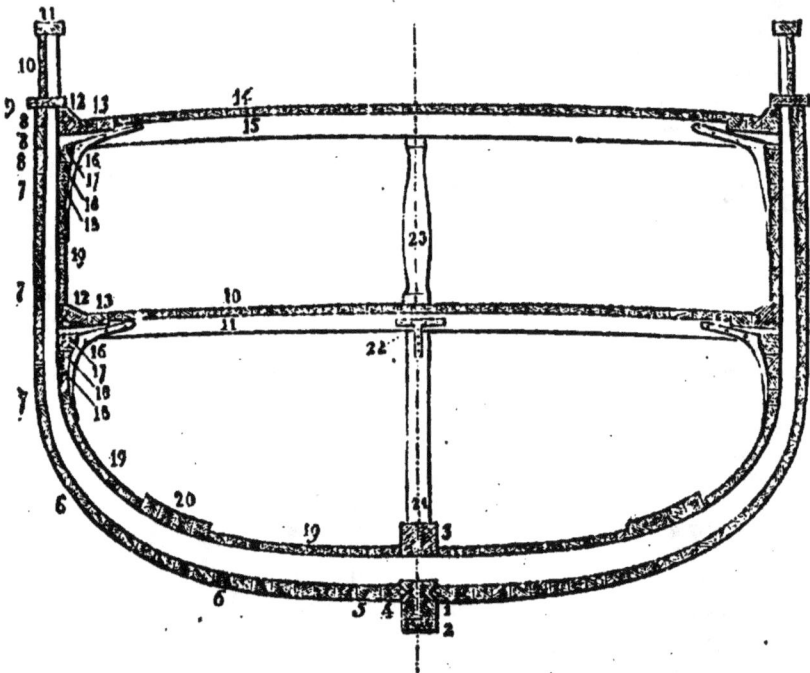

Figure spécimen du *Guide pratique d'architecture navale.*

Dans la *première partie*, l'auteur traite de la connaissance des cales, c'est-à-dire l'endroit où doit être réparé le navire. — Droit et tour d'une pièce. — Écarts. — Quille. — L'étrave. — L'étambot. — L'assemblage des couples, etc.

Dans la *deuxième partie*, nous avons les revêtements intérieurs. — La lisse. — Les carlingues. — Les livets. — Bauquières. — Barrots. — Épontilles, etc.

Puis les revêtements extérieurs. Précintes, bordées, bois étuvés, chevillage, clous, calfatage, panneaux ou écoutilles, etc.

Cet abrégé très sommaire des matières contenues dans ce volume suffira pour faire comprendre que sa lecture ne peut être que très profitable.

ASPHALTE et des **BITUMES** *(Guide pratique pour la fabrication et l'application de l'),* par Léon MALO, ingénieur civil, ancien élève de l'École centrale, 1 volume, 7 planches, contenant 57 figures. . . . . **4 fr.**

L'usage de l'asphalte et des bitumes se généralise. L'asphalte, après les ciments et les mortiers, vient prendre immédiatement sa place dans les constructions, et cependant il n'existait pas de traité pratique sur la fabrication et l'emploi de ces substances. Le livre de M. Malo comble cette lacune. Il abonde en renseignements intéressants non seulement pour les ingénieurs, mais aussi pour les autorités municipales. Ce guide pratique est accompagné de sept planches, dont quelques-unes de très grand format.

Extrait de la table des matières. — Définition, description historique de l'asphalte. — Nomenclature et régime des principales mines. — Extraction, préparation et cuisson. — Du bitume. — Manière d'employer l'asphalte. — Usages divers de l'asphalte. — Asphalte comprimé. — Notes et documents divers.

ASTRONOMIE *(Manuel pratique de l'),* par Camille FLAMMARION. *L'art d'observer le ciel et de se servir des instruments d'optique.* 1 volume. — **En préparation.** —

Figure spécimen de *l'Habitation des animaux* (voir page 37).

B

BEAUX-ARTS (*Introduction à l'étude des*). 1 volume. — **En préparation.** —

BERGERIES (voir Habitation des animaux, page 37).

BETTERAVE (*Traité pratique de la culture et de l'alcoolisation de la*). Résumé complet des meilleurs travaux faits jusqu'à ce jour sur la betterave et son alcoolisation, renfermant toutes les notions nécessaires au cultivateur et au distillateur, ainsi que l'examen des méthodes de pulpation, de macération, de fermentation et de distillation employées aujourd'hui. 3e édition corrigée et considérablement augmentée, par N. BASSET. 1 volume avec figures dans le texte . . . . 3 fr.

Avant de donner au public cette nouvelle édition, l'auteur avait étudié à fond les principales questions relatives à la culture, à la distillation de la betterave, afin d'apporter son contingent à la grande question de la transformation agricole, par les données que l'expérience lui a fournies. Il a voulu mettre sous les yeux des agriculteurs et des distillateurs les faits techniques, scientifiques et pratiques, dans la plus grande simplicité d'expression. Il examine avec impartialité les différents systèmes : Champenois, Kessler, Dubrunfaut, etc.

BIÈRE (Voir Brasseur, page 19).

BIJOUTIER (*Guide pratique du*). Application de l'harmonie des couleurs dans la juxtaposition des pierres précieuses, des émaux et de l'or de couleur, par L. MORBAU, bijoutier et dessinateur. 1 volume avec 2 planches coloriées . . . . 2 fr.

Ce petit livre est une protestation hardie contre l'esprit de routine. L'auteur a réuni les données fournies par la science sur l'harmonie et le contraste des couleurs, et comparant ces données aux observations faites dans la pratique du métier, il a formé une théorie applicable à la bijouterie.

BITUMES (Voir Asphalte et Bitumes, page 17).

BOIS EN FORÊTS (*Carbonisation des*), par E. DROMART, ingénieur civil, 1 volume avec figures et 1 planche . . . . 4 fr.

Extrait de la table des matières : Bois. — Charbon de bois. — Carbonisation des meules en forêts. — Carbonisation des bois à goudron. — Appareils à vases clos. — Appareils à vapeur surchauffée. — Carbonisation des bois durs, des tiges de bruyère. — Analyse des charbons.

BOIS (*Guide théorique et pratique de Cubage et d'Estimation des*) à l'usage des propriétaires, régisseurs, marchands de bois, gardes forestiers, etc., etc., par Alexis FROCHOT, sous-inspecteur des forêts, etc. 2e édition. 1 volume, tableaux et 14 figures et 1 planche graphique donnant les tarifs de cubage des arbres sur pied et des arbres abattus. . . . . 4 fr.

Extrait de la table des matières. — **Cubage des bois abattus.** Bois en grume, bois ronds, bois méplats, bois équarris, bois de fou; exécution des calculs de cubage. — **Cubage des bois sur pied.** — Mesures des hauteurs : 1° au dendromètre; 2° à vue d'œil; 3° mesure des diamètres. — Cubage des résineux. — **Estimation des bois sur pied en matière,** bois de charpente, étais, perches de mines, poteaux télégraphiques, sciage, traverses de chemins de fer, bois de fente, bois de feu, écorces, frais du transport et d'exploitation. — Estimation en argent. — **Estimation des forêts en fonds et superficie.** — Exposé de la méthode, bois susceptibles de revenus égaux et périodiques, bois donnant des revenus inégaux. — Procédés de calculs à employer. — Applications, tarifs linéaires, renseignements bibliographiques.

BOTANIQUE (** Traité pratique et élémentaire de*) appliquée à la culture des plantes, par Léon LEROLLE, ancien élève de l'Ecole d'agriculture de Grand-Jouan, membre de la Société d'horticulture de Marseille, 1 volume, 108 figures dans le texte. . . . . 6 fr.

Extrait de la table: De la germination des graines, choix et conservation des graines. — De la végétation des plantes, des bourgeons. — Phénomènes souterrains, phénomènes aériens, phénomènes anatomiques de la végétation. — Nutrition des végétaux, nature des substances absorbées par les racines, sécrétion, transpiration. — Agents essentiels de la végétation. — De la reproduction des plantes, du périanthe, des étamines, du pistil, des ovules. — Floraison. — Fécondation. — Fructification. — Granification.

BRASSEUR (*Guide du*) ou *l'Art de faire de la Bière,* par G.-J. MULDER, professeur à l'Université d'Utrecht. Traité élémentaire théorique et pratique. La bière, sa composition chimique, sa fabrication, son emploi comme boisson, traduit de l'allemand et annoté par L.-F. Dubief, chimiste, nouvelle édition revue et corrigée, par M. Ch. BAYE. 1 vol. 4 fr.

M. Mulder a tâché d'analyser tous les écrits qui ont été publiés sur ce sujet pour en tirer la quintessence en y apportant de son propre fond. C'est un travail consciencieusement écrit, fruit de laborieuses études dont le brasseur pourra faire son profit.

BRIS ET NAUFRAGES (*Nouveau code des*), ou sûreté et sauvetage maritime, publié avec l'autorisation du ministre de la Marine et des Colonies, par J. TARTARA, commissaire ordonnateur de la marine en Algérie, 1 volume . . . . 7 fr.

Figure spécimen du *Guide de cubage et d'estimation des bois* (voir page 19).

C

CAFÉIER ET CACAOYER (Voir Cultures exotiques, page 28).

CAISSIER (*Manuel du*). Traité théorique et pratique des PAIEMENTS et RECETTES. — **En préparation.** —

CALCULS ET COMPTES FAITS à l'usage des industriels en général et spécialement des mécaniciens, charpentiers, serruriers, chaudronniers, toiseurs, arpenteurs, vérificateurs, etc. Troisième édition complètement refondue des calculs faits de A. LENOIR, par Joseph VINOT. 1 volume et tableaux . . . . 4 fr.

Son objet est d'éviter aux chefs d'atelier une foule de calculs souvent assez difficiles à résoudre ; enfin c'est un aide-mémoire qui est appelé à rendre de grands services par le temps qu'il fait économiser. Il se divise comme suit : 1° Arithmétique. — 2° Conversion — 3° Physique. — 4° Mécanique. — 5° Frottements, résistances. — 6° Cubage des métaux. — 7° Cubage des bois. — 8° Tables commerciales.

CALLIGRAPHIE. Cours d'écriture avec 32 planches, par L. BAUDE, 1 vol. . . . . 5 fr.

SOMMAIRE : Objets et instruments nécessaires pour écrire. — Formes et variante de l'écriture anglaise. — De la manière de tenir la plume. — Principes généraux de l'écriture anglaise. — Des différentes grosseurs d'écriture. — Majuscules. — Minuscules. — Chiffres. — De l'expédiée ou cursive anglaise. — Des écritures fortes : Bâtarde, Coulée, Rondé et Gothique. — *De l'emploi dans l'écriture des accents, de la ponctuation et autres signes.*

CANARDS (Voir Oies et Canards, page 48).

CANNE A SUCRE (Voir Cultures exotiques, page 28).

CARBONISATION DES BOIS (Voir Bois, page 18).

CARTON (Voir Papier et Carton, page 50).

CENDRES (Voir Potasses, page 54).

CHALEUR (*Théorie mécanique de la*), traduit de l'allemand par F. FOLIE, professeur à l'École industrielle, et répétiteur à l'École des mines de Liège, par R. CLAUSIUS, professeur à l'Université de Wurtzbourg. 2 volumes. 15 fr.

CHARCUTERIE PRATIQUE (*La*), par Marc BERTHOUD, ancien charcutier, ex-président de la corporation des charcutiers de Genève. 2e édition. 1 volume avec 74 figures. . . . . 4 fr.

EXTRAIT DE LA TABLE DES MATIÈRES. — *1re partie :* Le porc, différentes races, élevage, engraissement, maladies, transports. — Locaux, appareils, ustensiles. — Condiments, accessoires. — Abatage du porc, utilisation des différentes parties du porc, salaison, désalaison. — Premières manipulations. — *2e partie :* Charcuterie proprement dite : Andouilles, andouillettes, boudins, saucisses, saucissons, jambons, petites pièces chaudes et froides. — Grosses pièces froides. — Sauces, accessoires. — Cochon de lait, sanglier. — Pâtisserie. — Terrines. — Décoration. — Conservation des viandes, conserves. — *3e partie :* Charcuterie allemande : saucisses, produits divers.

CHARPENTIER ✳ (*Le livre de poche du*), application pratique à l'usage des CHANTIERS, des ÉLÈVES DES ÉCOLES PROFESSIONNELLES, etc., par J.-F. MERLY, charpentier, entrepreneur de travaux publics, membre de la

Société industrielle d'Angers, etc. Collection de 140 ÉPURES, 1 vol. 287 pages de texte et planches en regard. . . 5 fr.

M. Morly n'est pas un savant qui doit s'efforcer d'oublier la technologie de l'école pour parler le langage ordinaire de la plupart de ses auditeurs ; M. Morly est, au contraire, un ouvrier, un homme pratique, qui a cherché à se faire comprendre par les compagnons de travail auxquels il s'adressait, et qui est arrivé à des démonstrations si claires, à des explications si naturelles, que les théoriciens eux-mêmes ont bientôt eu à s'inspirer de ses travaux. Rien de plus net que ses dessins, rien de plus simple que ses préceptes : c'est en quelque sorte en se jouant qu'il arrive aux épures les plus compliquées. — C'est le résumé des cours faits par M. Morly à ses compagnons charpentiers.

CHASSEUR MÉDECIN (*Le*), ou traité complet sur les maladies du chien, par M. Francis CLATER, vétérinaire anglais, traduit de l'anglais sur la 27º édition. 3e édition française, corrigée et augmentée, par M. Mariot-Didieux. 1 volume. . . . . 2 fr.

Le succès que ce livre a eu en Angleterre (vingt-sept éditions) dispense de tout commentaire. Le guide que nous avons placé dans notre Bibliothèque en est la troisième édition française. M. Mariot-Didieux, le savant vétérinaire, en acceptant la revision de cette édition, s'est attaché à supprimer dans le texte original des formules trop compliquées, à en simplifier d'autres et en ajouter de nouvelles. Ainsi entièrement refondu, l'ouvrage est véritablement un traité complet sur les maladies du chien, traité auquel un chapitre sur l'art de mégisser les peaux pour en faire des tapis sert de complément.

CHAUFFAGE PAR LE GAZ (*Le*), considéré dans ses diverses applications, science, industrie et usages domestiques, suivi d'une notice sur les *Moteurs à gaz*, par Gustave GERMINET. 1 volume avec 126 figures. . . . 4 fr.

CHAUFFEUR (*Manuel du*), guide pratique à l'usage des mécaniciens, des chauffeurs et des propriétaires de machines à vapeur ; exposé des connaissances nécessaires, suivi de conseils afin d'éviter les explosions des chaudières à vapeur, par JAUNEZ, ingénieur civil. 2º édition. 1 volume, 37 figures dans le texte et planches . . . . 2 fr.

Cet ouvrage est spécialement destiné aux chauffeurs, comme l'indique son titre. Les bons chauffeurs pour l'industrie privée sont rares et, par conséquent, recherchés. Les personnes qui ont des machines à vapeur ne sont que trop souvent obligées d'employer pour chauffeurs des hommes qui manquent non seulement des connaissances indispensables pour remplir un tel emploi, mais quelquefois même de la moindre instruction pratique. Dans de telles circonstances, il y a évidemment danger, et c'est pourquoi nous avons publié cet ouvrage, afin qu'il soit mis dans les mains de tous les ouvriers qui, sans savoir le premier mot de la théorie de la chaleur ni de la mécanique, seront à même, après l'avoir lu attentivement, de conduire une machine à vapeur. Cet ouvrage doit être dans leurs mains comme un catéchisme qui viendra leur apprendre leur métier.

Extrait de la table des matières : — Pression de l'air. — Baromètre. —

Compression de l'air. — Pompes. — Du calorique. — Thermomètre. — Quantité d'eau nécessaire à la condensation de l'eau. — De la vapeur d'eau. — Des moyens pour connaître la force de la vapeur. — Manomètre. — Soupapes de sûreté. — Conduite du feu. — Chaudière. — Giffard. — Incrustations et dépôts dans les chaudières. — Des soins et de l'entretien des machines à vapeur. — Résumé des moyens ayant pour but d'éviter les explosions. — Mise en marche des machines à vapeur. — Renseignements généraux, etc.

CHEMINS DE FER (*Traité de l'exploitation des*), ouvrage composé de deux parties, précédé d'une préface par M. Jules FAVRE, par Victor ÉMION.

PREMIÈRE PARTIE. — **VOYAGEURS ET BAGAGES.** .   4 fr.
DEUXIÈME PARTIE. — **MARCHANDISES.** . . . . . .   4 fr.

Aujourd'hui que tout le monde voyage, le manuel de M. V. Émion est devenu un guide indispensable. Il fait connaître à chacun ses droits et ses devoirs vis-à-vis des compagnies: il prend le voyageur chez lui, le mène à la gare, le suit à son départ, pendant sa route, à son arrivée, et le ramène à son domicile; il prévoit toutes les difficultés, toutes les contestations, et en donne la solution fondée sur la loi, les règlements, la jurisprudence et l'équité.

Dans la seconde partie, M. Émion traite avec beaucoup de détails l'organisation du service des marchandises, les tarifs, les formalités exigées pour la remise des marchandises en gare, l'expédition, la livraison, enfin tout ce qui concerne les actions à intenter aux compagnies, soit pour avaries, soit pour retard, perte, négligence, etc.

CHEMINS DE FER (*Album des*), résumé graphique du cours professé à l'Ecole centrale des arts et manufactures. 4e édition, par G. CORNET, répétiteur à l'École centrale des arts et manufactures de Paris. 1 vol. texte et 74 planches gravées sur acier . . . . 10 fr.

CHEVAL (*Élevage et dressage du*), par de SOURDEVAL. 1 vol. — En préparation. —

CHIMIE (*Introduction à l'étude de la*), contenant les principes généraux de cette science, les proportions chimiques, la théorie atomique, le rapport des poids atomiques avec le volume des corps, l'isomorphisme, les usages des poids atomatiques et des formules chimiques, les combinaisons isomériques des corps catalyptiques, etc., accompagnée de considérations détaillées sur les acides, les bases et les sels, traduit de l'allemand par Ch. GÉRHARDT, augmentée d'une table alphabétique des matières présentant les définitions techniques et les relations des corps, par J. LIEBIG. 1 volume . . . . 3 fr.

L'accueil favorable que cette traduction a rencontré en France rappelle le succès obtenu en Allemagne par l'édition originale de l'illustre savant, considéré à juste titre comme l'un des princes de la chimie moderne.

CHIMIE (*Éléments de*), par le Dᵣ SACC, professeur à l'Académie de Neuchâtel (Suisse), membre correspondant de la Société nationale de l'agriculture, professeur à Genève, etc. 2 volumes.

PREMIÈRE PARTIE. — **CHIMIE MINÉRALE** ou synthétique 1 vol. . . . . 3 fr. 50
SECONDE PARTIE. — **CHIMIE ORGANIQUE** ou asynthétique. 1 vol.. . . . . 3 fr. 50

Ce petit traité, comme le dit l'auteur, n'a qu'une ambition, celle de faire aimer cette admirable science, d'en exposer aussi brièvement que possible le champ immense de manière à la rendre abordable à tous. C'est la première tentative d'une *chimie naturelle* et pure. L'auteur, laissant de côté tous les systèmes, aborde donc une voie qui doit devenir féconde.

CHIMIE GÉNÉRALE ÉLÉMENTAIRE, d'après les principes modernes, avec les principales applications à la médecine, aux arts industriels et à la pyrotechnie, comprenant l'analyse chimique qualitative et quantitative. Ouvrage publié avec l'approbation de M. le ministre de la Marine et des Colonies, par Frédéric HÉTET, professeur de chimie aux écoles de la marine, pharmacien en chef, officier de la Légion d'honneur, membre de plusieurs sociétés savantes. 2 volumes avec 174 figures dans le texte. . . . . 10 fr.

SOMMAIRE DES PRINCIPAUX CHAPITRES. — Nomenclature chimique. — Notation chimique. — Lois des combinaisons. — Théorie atomique. — Acides. — Sels. — Éléments monoatomiques. — Série du chlore. — Série du brome. — Série de l'iode. — Fluor. — Série du cyanogène. — Métalloïdes diatomiques. — Série de l'oxygène. — Protoxyde d'hydrogène. — Eau. — Eaux potables. — Série du soufre. — Métalloïdes triatomiques. — Série du bore. — Métalloïdes tripentatomiques. — Série de l'azote. — Combinaisons de l'azote avec l'hydrogène. — Composés oxygénés de l'azote. — Agents explosifs modernes. — Analyse de l'acide azotique. — Série du phosphore. — Combinaisons oxygénées du phosphore. Série de l'arsenic. — Série de l'antimoine. — Bismuth. — Uranium. — Tableau résumé des azotoïdes. — Métalloïdes tétratomiques. — Série du silicium. — Série du carbone. — Gaz d'éclairage. — Combinaisons avec l'oxygène. — Sulfure de carbone. — Feux liquides de guerre. — Dosage du carbone. — Analyse des gaz et des mélanges gazeux. — Série de l'étain. — Généralités sur les métaux. — Métaux positifs. — Première classe. — Monoatomiques. — Potassium. — Poudres. — Alcalimétrie. — Sodium. — Fabrication de la soude. — Lithium. — Analyse spectrale. — Rubidium. — Césium. — Thallium. — Argent. — Alliages d'argent. — Azotate d'argent. — Réaction des sels d'argent. — Dosage de l'argent. — Métaux de la deuxième classe ou biatomique. — Calcium. — Oxydes de calcium. — Usages de la chaux. — Sulfures de calcium. — Plâtre. — Cuisson du plâtre. — Phosphates calciques. — Carbonate de calcium. — Baryum. — Strontium. — Magnésium. — Oxyde de magnésium. — Zinc. — Oxyde de zinc. — Cadmium. — Cuivre. — Laitons. — Bronzes. — Oxyde de cuivre. — Acétate de cuivre. — Réactions des sels de cuivre. — Mercure. — Chlorure de mercure. — Iodure de mercure. — Sulfate de mercure. — Fulminate de mercure. — Plomb. — Oxyde de plomb. — Minium. — Céruse. — Cobalt. — Nickel. — Chrome. — Manganèse. — Oxydes de manganèse. — Bioxyde de manganèse. — Fer. — Préparation de l'acier. — Usages du fer et de l'acier. — Propriété du fer et de l'acier. — Combinaisons du fer. — Analyse des combinaisons du fer. — Analyses des fontes et aciers. — Métaux triatomiques. — Or. — Dorure. — Métaux tétratomiques. — Molybdène. — Platine. — Amorces à fil de platine. — Osmium. — Iridium. — Palladium. — Aluminium. — Aluns. — Kaolins. — Argiles. — Mortiers. — Ciments. — Poteries. — Bétons. — Action de l'eau de mer. — Mastics. — Photographie.

CHIMIE INORGANIQUE appliquée à l'agriculture (Voir Sciences physiques, page 57).

CHIMIE ORGANIQUE appliquée à l'agriculture (Voir Sciences physiques, page 57).

CHIMISTE-AGRICULTEUR (*Manuel du*), par A.-F. POURIAU. 1 volume avec 148 figures dans le texte, et de nombreux tableaux, suivi d'un appendice. . . 6 fr.

Ce volume forme en quelque sorte le complément de la *Chimie organique* et de la *Chimie inorganique*. Il fait connaître les diverses manipulations qui sont décrites avec un très grand soin. Il contient, en outre, un grand nombre d'indications d'une utilité toute pratique.

L'intention de l'auteur en le publiant a été d'offrir aux personnes qui s'occupent de chimie agricole un guide renfermant la description des méthodes les plus simples à suivre dans l'analyse des divers composés naturels ou artificiels qui sont du domaine de l'agriculture. Désireux de mettre son livre à la portée de tout le monde, l'auteur a toujours eu le soin, dans l'exposé de ses méthodes, d'établir deux catégories d'essais. Les unes essentiellement pratiques et accessibles à tous, et les autres plus exactes et qui exigent une plus grande habitude des manipulations chimiques.

CHOIX D'UNE CARRIÈRE (*Le*), par MORTIMER D'OCAGNE. 1 vol. — **En préparation.** —

CODE DES BRIS ET NAUFRAGES (Voir Bris et Naufrages, page 20).

COLLODION SEC (*Manuel pratique de*) au tanin et de tirage économique des épreuves positives, suivi d'une étude sur la rectitude et le parallélisme des lignes en photographie, par le comte Ludovico de COURTEN, photographe. 1 volume avec figures dans le texte et une très belle photographie. 4 fr.

CONFÉRENCES AGRICOLES (*Guide pratique des*), accompagné d'un appendice comprenant des notes et des instructions pratiques puisées dans les Annales du Génie civil, par L. GOSSIN, cultivateur, professeur d'agriculture dans l'Oise. 1 volume. . . . . 1 fr.

(Ouvrage recommandé officiellement pour les écoles normales, etc.)

Dans les grandes villes, on tient des conférences ; M. Gossin a rêvé les conférences au village, des conversations intimes, familières, fructueuses. Dévoué depuis de longues années à l'enseignement rural, M. Gossin possède de plus l'art de la démonstration facile, et sa parole sympathique est écoutée avec plaisir et par conséquent avec fruit.

CONSEILLERS GÉNÉRAUX (*Manuel des*). Loi organique des conseillers généraux, avec les commentaires officiels, par J. ALBIOT. (*Code départemental.*) 1 volume   4 fr.

Cet ouvrage peut être considéré comme un aide-mémoire à l'aide duquel les personnes notables appelées, en qualité de conseillers généraux, à discuter les intérêts de leur département, trouveront de nombreux renseignements relatifs à la législation qu'ils auront à appliquer.

CONSEILLERS COMMUNAUX (*Manuel des*). 1 vol. — En préparation. —

CONSTRUCTEUR (✳ *Guide pratique du*). Dictionnaire des mots techniques employés dans la construction, à l'usage des architectes, propriétaires, entrepreneurs de maçonnerie, charpente, serrurerie, couverture, etc., renfermant les termes d'architecture civile, l'analyse des lois de voirie, des bâtiments, etc., par L.-P. PERNOT, officier de la Légion d'honneur, architecte-vérificateur des travaux publics. Troisième édition, corrigée, augmentée et entièrement refondue, par C. TRONQUOY, ingénieur civil, et ROCHET, architecte, 1 volume. — En réimpression. —

CONSTRUCTEUR (Voir Maçonnerie, page 43).

CONSTRUCTIONS A LA MER (*Études et notions sur les*), par BOUNICEAU, ingénieur en chef des ponts et chaussées. 1 volume avec atlas de 44 planches in-4°, dont plusieurs doubles . . . . 18 fr.

Cet ouvrage est le résumé d'études longues et consciencieuses d'un des ingénieurs en chef les plus distingués du corps national des ponts et chaussées. M. Bouniceau a attaché son nom à des travaux d'une haute importance. Son travail devra être médité par tous ceux qu'intéressent les nouveaux développements que doivent prendre les constructions conçues en vue d'améliorer les ports de mer et les ouvrages nécessaires à la préservation des côtes. L'atlas qui accompagne ces études est remarquable sous le rapport du choix des planches et de leur exécution.

Définitions et préliminaires. — Avant-ports. Bassins. Darses. — *Môles ou brise-lames.* — Môles à claire-voies. Môles anciens. Môles modernes. — *Jetées.* Ports à marée. Chenaux. Dragues. Musoirs. Remorquage à vapeur dans les chenaux. — *Ports d'échouage :* Épaisseur des quais. Écluses. Portes d'ebe et de flot. Manœuvre des portes. Pose des portes. Ponts sur les écluses. *Bassins à flot :* leur forme, leur largeur, leur superficie. Valeur des places à quai. — *Nettoyage des ports.* — *Ouvrages pour la construction et le radoubage des na-*

vires : Cales de construction. Cales de débarquement. Machines élévatoires. — *Ports dans les rivières à marée.* — *Canaux maritimes.* — *Ouvrages à l'issue des ports de commerce.* Phares. Phares en fer sur pieux à vis. Phares flottants. Feux de port. Bouées, balises. — *Matériaux de construction. Mortiers.* Pierres, sables, chaux et ciments. Fabrication des mortiers. Briques, bois. Fondations par épuisement. Fondations mixtes sur pilotis. Fondations en rade.

CORPS GRAS INDUSTRIELS (*Guide pratique de la connaissance et de l'exploitation des*), contenant l'histoire des provenances, des modes d'extraction, des propriétés physiques et chimiques, du commerce des corps gras, des altérations et des falsifications dont ils sont l'objet, et des moyens anciens et nouveaux de reconnaître ces sophistications. Ouvrage à l'usage des chimistes, des pharmaciens, des parfumeurs, des fabricants d'huiles, etc., des épurateurs, des fondeurs de suif, des fabricants de savon, de bougie, de chandelle, d'huile et de graisses pour machines, des entrepositaires de graines oléagineuses et de corps gras, etc., par Th. CHATEAU, chimiste, ex-préparateur au Muséum d'histoire naturelle. 2° édition, augmentée d'un appendice. 1 volume avec tableaux. . . . . 5 fr.

M. Chateau, en publiant la première édition de cet ouvrage, avait eu pour but de donner aux chimistes et aux manufacturiers une histoire aussi complète que possible des corps gras industriels employés tant en France qu'à l'étranger, et considérés au point de vue de leur provenance, de leur extraction, de leur composition, de leurs propriétés physiques et chimiques, de leur commerce et de leurs altérations spontanées ou frauduleuses.

Dans la nouvelle édition, M. Chateau a ajouté à sa monographie des corps gras un appendice renfermant quelques corrections indispensables et d'importantes additions.

COUPE et CONFECTION de vêtements de femmes et d'enfants (*Méthode de*). — Travaux à aiguille usuels. — Cours de couture en blanc. — Raccommodage. — Méthode de TRICOT. — Art de la coupe et de la confection en général, par Elisa HIRTZ. 1 volume avec 154 figures. . . . . 3 fr. 50

COTONNIER (*Guide pratique de la culture du*), par SICARD. 1 volume avec figures dans le texte. . . . . 2 fr.

La culture du cotonnier ne peut convenir qu'à de certaines contrées. M. Sicard, qui l'a expérimentée avec succès et pendant de longues années dans les provinces du Midi et en Algérie, a publié cet ouvrage pour faire profiter le public de l'expérience qu'il avait acquise dans la culture de cet arbrisseau.

L'ouvrage est enrichi de dessins exécutés d'après la photographie et d'une exactitude rigoureuse.

CUBAGE et ESTIMATION DES BOIS (Voir Bois, page 10).

CULTURES EXOTIQUES. Guide pratique de la culture de la **CANNE A SUCRE**, du **CAFIER**, du **CACAOYER**, suivi d'un traité de la **FABRICATION DU CHOCOLAT**, par BOURGOIN D'ORLI. 1 volume. . . . . 4 fr.

CULTURE MARAICHÈRE (✳ *Manuel pratique de*). 6ᵉ édit., augmentée d'un grand nombre de figures et de plusieurs articles nouveaux. Ouvrage couronné d'une médaille d'or par la Société centrale d'agriculture, d'une grande médaille de vermeil par la Société centrale d'horticulture, par COURTOIS-GÉRARD. 1 volume avec 89 figures dans le texte. . . . . 5 fr.

Figure spécimen du *Guide de culture maraîchère*.

Outre les récompenses honorifiques qui viennent d'être mentionnées, l'auteur de ce manuel a obtenu une attestation qui garantit la valeur de son travail aux yeux du public, en même temps qu'elle constate l'exactitude de ses recherches et l'utilité des notions renfermées dans son ouvrage. Cette attestation émane de vingt-cinq jardiniers maraîchers de la ville de Paris qui, après avoir entendu la lecture du travail de M. Courtois-Gérard, déclarent qu'ils lui donnent toute leur approbation, comme étant conforme aux bonnes méthodes de culture en usage parmi eux, et autorisent l'auteur à le publier sous leur patronage.

Cet ouvrage est officiellement recommandé pour les écoles normales, etc. Cette nouvelle édition a été augmentée d'un chapitre sur la culture des porte-graines et d'un vocabulaire maraîcher.

Table des principaux chapitres :

Marais pour culture de pleine terre. — Marais pour culture de primeurs. — Analyse des terres. — De l'établissement d'un jardin maraîcher. — Engrais e pailles. — Outillage. — Diverses opérations. — La culture des porte-graines. — Destruction des insectes. — Des maladies des plantes. — Calendrier du maraîcher ou travaux manuels. — Vocabulaire du maraîcher.

D

DESSINATEUR (✳ *Comment on devient un*), par VIOLLET-LE-DUC. 1 volume, orné de 110 dessins par l'auteur et d'un portrait de Viollet-le-Duc. 8° édition. . . . . . 4 fr.

EXTRAIT DE LA TABLE DES MATIÈRES. — Notables découvertes. — Comment il est reconnu que la géométrie s'applique à plusieurs choses. — Autres découvertes touchant la lumière et la géométrie descriptive. — Où on commence à voir. — Une leçon d'Anatomie comparée. — Opérations sur le terrain. — Cinq ans après. — Où une vocation se dessine. — Douze jours dans les Alpes. — Conclusion.

DESSIN LINÉAIRE (*Guide pratique pour l'étude du*) et de son application aux professions industrielles, par A. ORTOLAN, mécanicien chef de la marine de l'Etat, et J. MESTA, mécanicien principal. 1 volume avec un atlas de 41 planches doubles. . . . . 6 fr.

Cet ouvrage recommandable est aujourd'hui adopté dans plusieurs écoles industrielles; on le trouve dans tous les ateliers. Un dictionnaire des termes techniques lui sert d'introduction, ce qui a permis aux auteurs de donner dans le cours de leur travail des indications sur les détails, sans obliger l'élève à recourir au texte des premières leçons. C'est donc par la nomenclature des instruments indispensables à l'étude du dessin que les auteurs ont débuté, puis arrivant à l'application, ils donnent la définition des lignes géométriques : le point, la ligne droite, brisée, courbe; arc de cercle, rayon; les angles. — Tracé des parallèles et des perpendiculaires. — Construction des angles. — Figures géométriques. — Des triangles. — Des quadrilatères. — Tangentes et sécantes à la circonférence. — Angles inscrits et circonscrits à la circonférence. — Polygones réguliers, figures inscrites et circonscrites. — Définition et construction. — Mesure et divisions des lignes. — Mesure des angles. — Rapporteurs. — Des solides. — Du plan horizontal et du plan vertical, des projections, des croquis, de la vis. — Exécution d'un dessin d'après un croquis coté et sur une échelle de convention. — Exécution d'un dessin d'ensemble avec projection de coupe. — Des engrenages ou roues dentées. — De quelques courbes et de leur tracé. — Rédaction et copie d'un dessin. — Dessins ombrés au tire-ligne, du lavis, etc., etc.

DICTIONNAIRE DES FALSIFICATIONS (Voir Falsifications, page 34).

DICTIONNAIRE DU CONSTRUCTEUR (Voir Constructeur, page 26).

DICTIONNAIRE DES TERMES TECHNIQUES (Voir Termes techniques, page 59).

DICTIONNAIRE DES COSMÉTIQUES ET PARFUMS (Voir Parfumeur, page 50).

DOUANE (*Recueil abrégé des lois et règlements sur la*), son organisation, son personnel et ses brigades, par Eugène LELAY, capitaine des douanes. 1 volume. 4 fr.

TABLE DES MATIÈRES. — *Des Douanes et de leur organisation.* — *Attributions du personnel.* — *Service actif ou des brigades.* — *Lois générales relatives au personnel.*

DRAINAGE (*Guide pratique de*); résultats d'observations et d'expériences pratiques, traduit pour l'usage des agriculteurs français par C. Hombourg, par C.-E. KIELMANN, directeur de l'École agricole de Haasenfelde. 1 volume avec figures dans le texte . . . . 2 fr.

La plupart des ouvrages publiés sur le drainage sont le résultat d'études théoriques que l'expérience n'a pas encore sanctionnées. M. Kielmann est entré dans une autre voie : il n'a eu recours à la théorie qu'autant que cela était nécessaire pour expliquer certains phénomènes. Comme il le dit dans sa préface, il voulait offrir à ceux qui commencent à s'occuper du drainage, et même au plus petit cultivateur, un liv: à la lecture facile et surtout compréhensible.

Extrait de la table des matières. — Quels sont les terrains qui ont besoin d'être drainés. — De la fabrication des tuyaux, leur longueur, largeur et épaisseur. — Préparation d'une bonne matière pour la confection des tuyaux. — Machine à étirer les tuyaux, préparation de l'argile. — De la cuisson des tuyaux, des travaux préparatoires, nivellement des tranchées, circulation de l'air à travers les tuyaux. — De la quantité d'eau qui s'écoule par les drains, etc.

DROIT MARITIME INTERNATIONAL ET COMMERCIAL (*Notions pratiques de*), par Alph. DONEAUD, professeur à l'École navale. *Aide-mémoire de l'officier de marine*, marine militaire et marine marchande. 1 volume. 3 fr.

Les derniers traités de commerce ont augmenté dans des proportions considérables les relations internationales. Cet ouvrage de M. Doneaud devient donc d'une grande utilité pratique. Nous ajouterons que ce livre commence une série de volumes dont l'ensemble formera, dans notre b'' liothèque, l'*Aide-mémoire* de l'officier de marine.

Extrait de la table des matières. — De la mer et des fleuves. — Droit international en temps de paix. — Droit commercial. — Droit maritime international en temps de guerre. — Documents officiels. — Bibliographie des principaux ouvrages à consulter pour le droit des gens en général, le droit international maritime et le droit commercial.

DYNAMITE et AGENTS EXPLOSIFS. 1 volume. — En préparation. —

E

ÉCOLES DE FRANCE (*Les grandes*). Écoles militaires, Écoles civiles, par MORTIMER D'OCAGNE. 3° édit., 1 volume . . . . 3 fr.

ÉCONOMIE DOMESTIQUE (*Guide pratique d'*), publié sous forme de dictionnaire, contenant des notions d'une *application journalière :* chauffage, éclairage, blanchissage, dégraissage, préparation et conservation des substances alimentaires, boissons, liqueurs de toutes sortes, cosmétiques, soins hygiéniques, médecine, pharmacie, etc., par le docteur B. LUNEL, médecin-chimiste, membre des Académies des sciences de Caen, de Chambéry, etc., 1 volume. . . . . 2 fr.

L'économie domestique, longtemps dédaignée, s'est élevée aujourd'hui au point de devenir elle-même une science. Le Guide de M. le docteur Lunel, sous la forme commode du dictionnaire, constitue une véritable encyclopédie de cette science nouvelle.

ÉCURIES et **ÉTABLES** (Voir Habitation des animaux, page 37).

ÉLECTRICIEN (*Guide pratique de l'ouvrier*). 1 volume. — En préparation. —

ÉLECTRICITÉ (*Leçons élémentaires d'*) ou exposition concise des principes généraux de l'ÉLECTRICITÉ ET DE SES APPLICATIONS, par SNOW-HARRIS, annotées et traduites par E. GARNAULT, professeur de physique à l'École navale. 1 volume avec 72 figures dans le texte . . . . 3 fr.

Les leçons de M. Snow-Harris ont eu un grand succès en Angleterre. L'auteur s'est surtout attaché à donner des idées saines, pratiques et théoriques sur les principes généraux de l'électricité et les faits les plus simples qu'il démontre à l'aide d'expériences faciles à répéter.

Le traducteur, qui est lui-même un professeur distingué, a ajouté à l'ouvrage anglais des notes dans lesquelles il donne surtout des aperçus sur les principales applications de l'électricité dans l'industrie.

ENGRENAGES (*Traité pratique du tracé et de la construction des*), de la vis sans fin et des cames, par F.-G. DINKE, mécanicien de la marine, ex-élève de l'École des arts et métiers de Châlons-sur-Marne. 1 volume et 17 planches. 3 50

Ce livre répond à un besoin, car depuis longtemps il manquait à toute bibliothèque industrielle ; c'est une œuvre de mécanique véritablement pratique.

Il se divise en trois chapitres :

1° Des courbes en usage dans la construction des engrenages ; 2° dimensions des détails et de l'ensemble des engrenages ; 3° tracé des engrenages, des vis sans fin, des cames.

ENTOMOLOGIE AGRICOLE (*Guide pratique d'*), et petit traité de la destruction des insectes nuisibles, par H. GOBIN. 1 volume orné de 42 figures, 2° édit.   4 fr.

Figure spécimen du *Guide d'entomologie agricole*.

Ce traité, d'une lecture attrayante, possède un grand fond de science. Il se compose de lettres familières adressées à un nouveau propriétaire rural. Tous les insectes qui s'attaquent aux champs et à leurs produits et aux animaux y sont passés en revue, et, ce qui est mieux encore, l'auteur a indiqué le moyen de se débarrasser de cette engeance envahissante. Le livre est terminé par des nomenclatures scientifiques avec les noms français.

ENTREPRISES COMMERCIALES (*Manuel des*). 1 volume. — En préparation. —

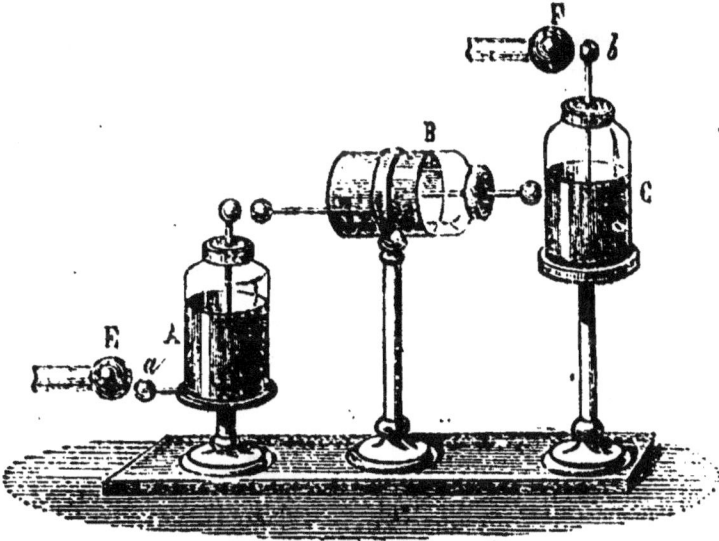

Gravure spécimen des *Leçons d'Électricité*. (Voir page 31.)

ÉPICERIE (*Guide pratique de l'*), ou Dictionnaire des denrées indigènes et exotiques, comprenant : l'étude, la description des objets consommables ; les moyens de constater leurs qualités, leur nature, leur valeur réelle ; les procédés de préparation, d'amélioration et de conservation des denrées, etc. ; contenant, en outre, la fabrication des liqueurs, le collage des vins, et enfin les procédés de fabrication d'une foule de produits que l'on peut ajouter au commerce de l'épicerie, par le docteur B. LUNEL. 1 volume . 3 fr.

Le commerce de l'épicerie et des denrées indigènes et exotiques d'un usage journalier est l'un des plus importants et des plus utiles pour la société. Il était regrettable que cette branche si étendue du commerce n'ait pas encore son livre spécial. Sans doute on trouve dans nombre d'ouvrages l'histoire des denrées indigènes et exotiques. Réunir sous forme de dictionnaire toutes ces données éparses, afin de faciliter les renseignements, tel a été le but que s'est proposé le docteur Lunel en publiant son livre sur l'épicerie.

ETHNOGRAPHIE (※ *Manuel pratique d'*), ou description des races humaines ; les différents peuples, leurs caractères naturels, leurs caractères sociaux, divisions et subdivisions des différentes races humaines, par

2

J. D'OMALLIUS D'HALLOY. 5° édition. 1 volume avec une planche représentant les principaux types. . . . . . . 1 fr.

Extrait de la table des matières. — De l'ethnographie en général. — De la race blanche. — Du rameau européen, du rameau arménien, du rameau scytique. — De la race brune, du rameau éthiopien, du rameau indou, du rameau indochinois, du rameau malais. — De la race rouge, du rameau hyperboréen, du rameau mongol, du rameau sinique. — De la race noire. — Des hybrides. — Tableaux de la division du genre humain en races, rameaux, familles et peuples.

EXPROPRIÉS POUR CAUSE D'UTILITÉ PUBLIQUE (*Manuel pratique et juridique des*), suivi de deux tableaux donnant le chiffre de la valeur du mètre de terrain dans Paris, et faisant connaître les principales indemnités accordées aux industriels, négociants et commerçants expropriés, par Victor EMION, avocat à la cour de Paris, ancien sous-préfet. 1 volume . . . . 1 fr.

F

FALSIFICATIONS (*Guide pratique pour reconnaître les*), ou Dictionnaire des falsifications des substances alimentaires (aliments et boissons), contenant : la description de *l'état naturel ou normal des substances alimentaires* et leur *composition chimique*, les moyens de constater leur nature, leur valeur réelle ; les altérations spontanées, accidentelles, qu'elles peuvent subir, et les moyens de les prévenir ; les altérations et falsifications qui les dénaturent c'est-à-dire qui en modifient l'aspect, la saveur, les propriétés nutritives, et qui les rendent souvent dangereuses ; enfin les moyens chimiques de rendre sensibles les altérations, falsifications et contrefaçons des diverses substances alimentaires, par le docteur LUNEL. 2° édit. 1 volume. 5 fr.

FÉCULIER et de l'AMIDONNIER (*Guide pratique du*), suivi de la conversion de la fécule et de l'amidon en dextrine sèche et liquide, en sirop de glucose, sirop de froment, sirop impondérable ; en sucre de raisin, sucre massé, sucre granulé et cassonade ; en vin, bière, cidre,

alcool et vinaigre, ainsi que leur application dans beaucoup d'autres industries, par L.-F. DUBIEF. 3e édition, 1 volume avec gravures dans le texte . . . . 4 fr.

Extrait de la table des matières. — Première partie. — Aperçu historique. — Des substances qui contiennent la fécule. — Composition et conservation de la pomme de terre. — Extraction de la fécule. — Lavage, râpage, tamisage, épuration, séchage, blutage. — Des résidus de la pomme de terre. — Du blanchiment de la fécule. — Rendement de la pomme de terre en fécule. — Perfectionnements importants apportés au lavage, etc. — Conservation, vente et falsification. — Caractères et propriétés de la fécule.

Dans la deuxième partie, l'auteur donne la description des procédés à suivre pour fabriquer les amidons.

La troisième et dernière partie vient compléter les deux premières par les renseignements les plus récents.

Dans cet ouvrage, l'auteur s'est appliqué à dégager son texte de toute gêne scientifique; il a été clair et précis pour mettre son enseignement à la portée de toutes les instructions et de toutes les intelligences. Pour chaque sujet, il est entré dans des développements minutieux en indiquant souvent ces tours de mains si indispensables, et que seule, la pratique ordinairement peut apprendre.

FER (*Le*). *Guide pratique du métallurgiste*, son histoire, ses propriétés et ses différents procédés de fabrication, ouvrage traduit de l'anglais, avec l'approbation de l'auteur, et augmenté de notes et d'un appendice, par M. Gustave MAURICE, ingénieur civil des mines, secrétaire de la rédaction du *Bulletin de la Société d'encouragement*, par William FAIRBAIRN, ingénieur civil, membre de la Société royale de Londres, correspondant de l'Institut de France, etc. 1 volume avec 68 figures dans le texte . . . . 4 fr.

Depuis longtemps, le nom de M. Fairbairn fait autorité dans l'industrie du fer. Après avoir tracé l'histoire des progrès de la fabrication du fer, l'auteur donne les analyses des minerais et des combustibles dans leurs rapports avec les résultats des différents procédés de fabrication : il saisit cette occasion pour donner la description des fourneaux, machines, etc., employés dans la métallurgie du fer.

M. Maurice a complété cette traduction par des notes et un appendice. Il a éliminé tout ce que le texte original pouvait présenter de trop laconique ou de trop exclusivement rédigé en vue de la métallurgie anglaise. Parmi ces appendices, on remarque ceux concernant les procédés Bessemer et les notes sur la résistance des tubes à l'écrasement.

Extrait de la table des matières. — Histoire de la fabrication du fer. — Les minerais des différentes parties du monde. — Les combustibles : charbon de bois, tourbe, coke, houille. — Production des combustibles dans le monde entier. — Réduction des minerais. — Transformation de la fonte en fer. — Des machines employées pour forger le fer. — La forge. — Le procédé Bessemer. — Fabrication de l'acier. — Trempe et recuite de l'acier. — De la résistance et des autres propriétés mécaniques de la fonte, du fer et de l'acier. — Composition chimique de la fonte. — Statistique de l'industrie sidérurgique, etc.

G

GÉOGRAPHIE (*Traité de*) physique, ethnographique et historique à l'usage des artistes, des écoles d'architecture et des gens du monde, par O. LESCURE, professeur à l'École centrale d'architecture. 1 volume. 3 fr.

Ce traité est le développement du programme de géographie sur lequel sont interrogés les candidats à l'École spéciale d'architecture.

GÉOLOGUE (*Manuel du*), par DANA, traduit et adapté de l'anglais par W. HOUTLET. 1 volume avec 363 figures. 2º édition. . . . . 4 fr.

TABLE DES MATIÈRES. — *Introduction.* — *Géologie physiographique.* — Traits généraux de la surface terrestre. — Système des formes terrestres. — *Géologie lithologique.* — Constitution des roches. — Condition et structure des masses rocheuses. — Règne animal. — Règne végétal. — *Géologie historique.* — Age archéen. — Temps paléozoïque. — Temps mésozoïque. — Temps cénozoïque — Ere de l'intelligence. — *Observations générales sur l'histoire géologique.* — Durée des temps géologiques. — Progrès de la vie. — *Géologie dynamique.* — Vie. — Atmosphère. — Eau. — Chaleur. — Mouvements dans la croûte terrestre et leurs conséquences. — *Appendice.* — Instruments de géologie. — Échantillons.

Gravure spécimen du *Manuel du Géologue.*

GÉOMÈTRE ARPENTEUR (*Guide pratique du*), comprenant l'arpentage, le nivellement, le levé des plans et le partage des propriétés agricoles, avec un appendice sur le calcul des solides; 3º édition, entièrement refondue, par P.-G. GUY, ancien élève de l'Ecole polytechnique, officier d'artillerie. 1 volume avec 183 figures. . . . . 4 fr.

L'auteur, en publiant cet ouvrage, a eu pour intention d'en faire un *vade-mecum* utile aux ingénieurs, aux conducteurs des ponts et chaussées, aux agents voyers, géomètres, arpenteurs, etc. Son format portatif permet de pouvoir le consulter sur le terrain ; il est un abrégé d'un grand nombre d'ouvrages encombrants, dont il présente toutes les données nécessaires pour connaître et vérifier la contenance des pièces de terre et pour en construire un plan exact.

GÉOMÉTRIE ÉLÉMENTAIRE (*Leçons de*), par Ch. ROZAN, professeur de mathématiques. 1 volume avec un atlas de 31 planches doubles . . . . 6 fr.

En résumant les principes essentiels de la géométrie élémentaire, ceux qui conduisent directement à la mesure des lignes, des surfaces et des corps, l'auteur s'est attaché surtout à faire sentir la liaison qui existe entre ces principes, la manière dont ils découlent les uns des autres par un enchaînement continuel de déductions et de conséquences. Il s'est donc attaché à couper le discours aussi peu que possible, et à dire d'une seule traite tout ce qui se rattache à un même ordre de questions. Il le dit très brièvement, pour ne pas fatiguer l'attention ou faire perdre de vue le point de départ ; cette rapidité des démonstrations n'a cependant rien ôté à leur clarté.

H

HABITATIONS DES ANIMAUX (✳ *Guide pratique pour le bon aménagement des*), par E. GAYOT, membre de la Société centrale d'Agriculture de France. Cet ouvrage se compose de 2 parties.

1re partie : ✳ les ÉCURIES ET LES ÉTABLES. 1 volume avec 63 figures. . . . . 3 fr.

2° partie : ✳ les BERGERIES ET LES PORCHERIES, les habitations des animaux de la basse-cour, clapiers, oiselleries et colombiers. 1 volume avec 65 figures . . . 3 fr.

Aucun animal ne saurait être développé dans ses facultés natives, dans ses aptitudes propres, et produire activement dans le sens de ces dernières, si on ne le place dans les meilleures conditions d'alimentation, de logement, de multiplication. M. Gayot, avec l'autorité d'une longue expérience, a réuni dans ces deux volumes les conditions générales d'établissements et les dispositions particulières aux diverses espèces d'animaux.

1re PARTIE. — Écuries et Étables. *Extrait de la table des matières.* — Le sujet à vol d'oiseau. — Des effets de l'air pur et de l'air vicié sur l'économie animale. — L'aération : les portes et fenêtres, barbacanes et ventilateurs. *Dispositions particulières aux diverses espèces* : les dimensions intérieures, encore les portes et fenêtres, de l'aire des écuries, le plancher supérieur des écuries, arrangement intérieur et ameublement des écuries, les séparations, les boxes, établissements spéciaux, la température des écuries. *Les étables de l'espèce bovine* : l'aération, l'aire des étables, les dimensions et l'aménagement intérieurs, les boxes, règle d'hygiène générale, établissements spéciaux.

2e PARTIE. — **Les Bergeries** : de l'habitation en plein air, le parc des champs, le parc domestique, les abris brise-vent. — DE L'HABITATION COUVERTE : conditions particulières à l'établissement des bergeries, les portes et fenêtres, l'aération, les bâtiments, les aménagements intérieurs, auges et râteliers. — LA PORCHERIE : les conditions spéciales, la construction, les portes et fenêtres, les aménagements essentiels, les auges, dispositions particulières de l'ensemble. — *Les habitations de la basse-cour* : l'habitation du dindon, l'habitation de l'oie, la demeure du canard, le colombier et la volière, la faisanderie, etc., etc.

HERBORISEUR (✱ *Manuel de l'*). Comment on devient botaniste. — Clefs analytiques. — Description des genres et des espèces, suivie d'un vocabulaire, par E. GRIMARD. 5e édit. 1 volume . . . . 5 fr.

HYDRAULIQUE ET D'HYDROLOGIE souterraine et superficielle (*Guide pratique d'*), ou traité de la science des sources, de la création des fontaines, de la captation et de l'aménagement des eaux pour tous les besoins agricoles et industriels, par LAFFINEUR. 1 volume avec figures . . . . 3 fr. 50

HYDRAULIQUE URBAINE ET AGRICOLE (*Guide pratique d'*). Traité complet de l'établissement des conduites d'eau pour l'alimentation des villes, bourgs, châteaux, fermes, usines, et comprenant les moyens de créer partout des sources abondantes d'eau potable, par Jules LAFFINEUR, ingénieur civil et agronome, membre de plusieurs Sociétés savantes. 1 volume. —Épuisé.—

HYGIÈNE ET DE MÉDECINE USUELLE Guide pratique d'), complété par le traitement du *choléra épidémique*, par Victor LUNEL. 1 volume . . . . 2 fr.

Ce livre ne s'adresse à aucune spécialité de lecteurs et convient à tout le monde. Il se subdivise en hygiène privée et en hygiène publique. Dans la première partie, l'auteur examine dans quelle mesure l'homme qui veut conserver sa santé doit, selon son âge, sa constitution et les circonstances dans lesquelles il se trouve, user des choses qui l'environnent et de ses propres facultés, soit pour ses besoins, soit pour ses plaisirs. Dans la seconde, il s'occupe de tout ce qui concerne la salubrité publique. Un chapitre spécial est consacré à la médecine des accidents.

I

INGÉNIEUR AGRICOLE (*Guide pratique de l'*). Hydraulique, dessèchement, drainage, irrigation, etc.; suivi d'un appendice contenant les lois, décrets, règlements et instructions ministérielles qui régissent ces matières, etc., par Jules LAFFINEUR, ingénieur civil et agronome, membre de plusieurs sociétés savantes. 1 volume avec figures et 3 planches. . . . . 3 fr.

Extrait de la table. — Classification des terrains. — Travaux de dessèchement, évaporation, infiltration. — Jaugeage des sources, des ruisseaux et rivières. — Tracé des canaux. — Description des procédés de dessèchement, colmatage, limonage, du drainage. — Irrigation, établissement d'un système d'irrigation. — Murs de soutènement des canaux, revêtements, radiers, déversoirs, barrage, siphon. — Des diverses méthodes d'arrosage. — Mise en culture des terrains à grandes pentes. — Jurisprudence rurale.

INTRODUCTION A L'ÉTUDE DES BEAUX-ARTS. — En préparation.—

INTRODUCTION A L'ÉTUDE DE LA CHIMIE (Voir Chimie, page 23).

INTRODUCTION A L'ÉTUDE DE LA PHYSIQUE (Voir Physique, page 51).

INVENTEURS en France et à l'Étranger (*Les droits des*). Conseils généraux. — Brevets d'invention. — Péremption. — Vente. — Licences. — Exploitation. — Géographie industrielle. — Marques de fabrique. — Dessins. — Objets d'utilité, par H. DUFRENÉ, ingénieur civil, ancien élève de l'Ecole des arts et manufactures. 1 volume . . . . 3 fr.

J

JARDINAGE (✻ *Manuel pratique de*), contenant la manière de cultiver soi-même un jardin ou d'en diriger la culture. 8e édition, par COURTOIS-GÉRARD, marchand grainier, horticulteur. 1 volume avec 1 planche et de nombreuses figures dans le texte . . . . 5 fr.

Gravure spécimen du *Manuel de jardinage.*

Nous renvoyons à la note accompagnant le *Manuel de culture maraîchère*, pour les titres de M. Courtois-Gérard à la confiance publique. Dans le *Manuel du jardinier,* les jardiniers de profession trouveront des conseils, des détails nouveaux et des renseignements pratiques qu'ils peuvent ignorer ; le propriétaire et l'amateur de jardin y puiseront des instructions précises et claires qui leur éviteront toute espèce de méprises et d'erreurs.

Sommaire des principaux chapitres :

Dispositions générales d'un jardin potager. — Calendrier. — Travaux de chaque mois. — Les outils. — Les défoncements. — Les fumiers. — Les arrosements. — Les couches. — Semis. — Repiquages. — Marcottes. — Boutures. — De la greffe. — De la conservation des plantes. — Les maladies des plantes potagères. — La culture des arbres fruitiers. — La culture des arbres d'agrément. — Destruction des animaux nuisibles, etc.

JOAILLIER (*Guide pratique du*), ou, traité complet des pierres précieuses, leur étude chimique et minéralogique, les moyens de les reconnaître sûrement, leur valeur approximative et raisonnée, leur emploi, la description des plus extraordinaires des chefs-d'œuvre anciens et modernes auxquels elles ont concouru, par CH. BARBOT, ancien joaillier, inventeur du procédé de décoloration du diamant brut, membre de plusieurs sociétés savantes. 1 vol. avec 3 planches renfermant 178 figures représentant les diamants les plus célèbres de l'Inde, du Brésil et de l'Europe, bruts et taillés, et les dimensions exactes des brillants et roses en rapport avec leur poids, depuis un carat jusqu'à cent carats. Nouvelle édition, revue, corrigée et annotée par CH. BAYE. 1 vol. . . . 4 fr.

L

LAINE peignée, cardée, peignée et cardée (*Traité pratique de la*), contenant : 1re *partie*, mécanique pratique, formules et calculs appliqués à la filature : 2° *partie*, filature de la laine peignée, cardée peignée, sur la Mull-Jenny; 3° *partie*, filage anglais et français sur continu; 4° *partie*, laine cardée, par Charles LEROUX, ingénieur mécanicien, directeur de filature. 1 volume avec 32 figures dans le texte et 4 planches. . . . . 15 fr.

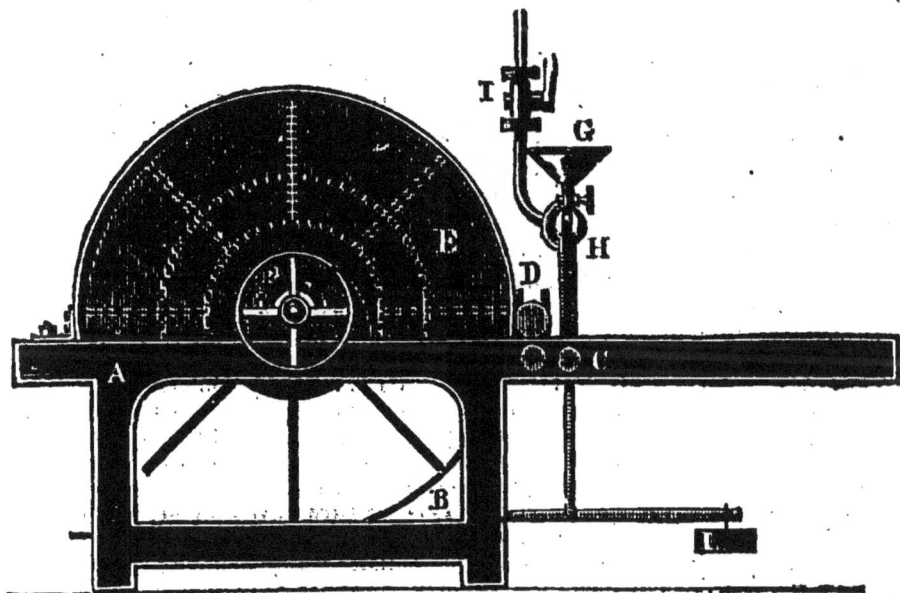

Figure spécimen du *Traité de la laine.*

Extrait de la table des matières. — Choix d'un moteur. — Transmissions. — Arbres de couche. — Courroies. — Poulies. — Engrenages. — Frottements. — Force des moteurs. — Leviers. — Fabrication. — Triage des laines. — Caractères des laines. — Main-d'œuvre du triage. — Battage. — Nettoyage des laines. — Dessuintage. — Dégraissage. — Graissage des laines. — Disposition mécanique d'un assortiment de cardes. — Aiguisement des garnitures. — Bourrage des garnitures. — Cardages. — Passage au Gill-Box. — Lissage et dégraissage des rubans. — Peignage des laines. — Préparation des laines pour filage français. — Les différents passages. — Filage français sur Mull-Jenny.

LAPINS (✳ *Guide pratique de l'éducation des*, ou Traité de la race cuniculine, suivi de l'Art de mégisser leurs peaux et d'en confectionner des fourrures, par MARIOT-DIDIEUX. 1 volume . . . . 2 fr. 50

L'industrie de l'éducation de la race cuniculine est créée et elle marche vers le progrès. C'est dans le but de la voir se propager dans les campagnes que l'auteur a publié cette nouvelle édition de son *Guide pratique*, en l'enrichissant d'un grand nombre de données nouvelles. En résumé, l'auteur démontre qu'aucune viande ne peut être produite à aussi bon marché que celle du lapin. En terminant sa préface, il adjure les habitants des campagnes de se livrer à l'éducation des lapins, parce qu'ils y trouveront, sans beaucoup de soins, une source abondante de bien-être.

LÉGISLATION PRATIQUE (※ *Premiers principes de*), appliquée au Commerce, à l'Industrie et à l'Agriculture, par Maurice BLOCK. 2ᵉ édit. 1 volume . . . 4 fr.

LIQUEURS (*Traité de la fabrication des*) françaises et étrangères, sans distillation. 6ᵉ édition, augmentée de développements plus étendus, de nouvelles recettes pour la fabrication des liqueurs, du kirsch, du rhum, du bitter, la préparation et la bonification des eaux-de-vie et l'imitation de celles de Cognac, de différentes provenances, de la fabrication des sirops, etc., etc., par L.-F. DUBIEF, chimiste œnologue. 1 volume. . . . . 4 fr.

Ce traité est formulé en termes clairs et familiers ; la personne la moins expérimentée dans l'art du distillateur qui en lira attentivement les préceptes pourra, sans aucun guide, devenir un bon fabricant après quelques essais. *Sommaire de quelques chapitres :* — De la composition des liqueurs. — Quantités d'alcool, de sucre et d'eau, pour les différentes classes de liqueurs. — Des teintures aromatiques. — Des infusions. — De la coloration des liqueurs. — Du mélange. — Du perfectionnement des liqueurs par le tranchage. — Du collage des liqueurs. — De la filtration. — De la conservation des liqueurs. — Règle générale pour bien opérer la fabrication des liqueurs. — Considérations à observer. — Des spiritueux aromatiques non sucrés. — Emploi des écumes et des eaux provenant du lavage des filtres. — Formules et préparations des sirops. — De l'alcool. — Du coupage ou mouillage des alcools. — Des eaux-de-vie. — Opérations d'eaux-de-vie à tous les titres avec les alcools d'industrie. — Résumé pour les liqueurs, les eaux-de-vie et les alcools. — Appendice. — L'auteur termine cet ouvrage par une liste des principaux marchés des eaux-de-vie, esprits, etc.

LIQUORISTE DES DAMES (*Le*), ou l'art de préparer en quelques instants toutes sortes de liqueurs de table et des parfums de toilette avec toutes les fleurs cultivées dans les jardins, suivi de procédés très simples et expérimentés pour mettre les fruits à l'eau-de-vie, faire des liqueurs et des ratafias, des vins de dessert, mousseux et non mousseux, des sirops rafraîchissants, etc., par L.-F. DUBIEF. 1 volume avec figures dans le texte. 3 fr.

Ce que nous avons dit des autres ouvrages de M. Dubief nous dispense de nous étendre sur celui-ci. C'est aux dames qu'il est adressé, et l'accueil qu'il a obtenu prouve suffisamment combien il est utile dans toute bibliothèque de ménage.

M

✳ **MAÇONNERIE** — Guide pratique du Constructeur — par A. DEMANET, lieutenant-colonel honoraire du génie, membre de l'Académie royale de Belgique, etc. 1 volume avec tableaux, accompagné de 20 planches doubles renfermant 137 figures gravées sur acier. . . . . 5 fr.

Extrait de la table des matières. — Des tracés. — Des mortiers et mastics. — Des appareils. — De l'exécution des maçonneries. — Échafaudages et cintres. — Outils et appareils. — Décintrements, charges, jointoiement. — Des épaisseurs à donner aux maçonneries. — Évaluations des travaux de maçonnerie. — Travaux divers. — Travaux d'entretien et de restauration. — De l'organisation des chantiers, etc.

MAISON (✳* *Comment on construit une*), par VIOLLET-LE-DUC. 1 volume avec 62 dessins par l'auteur. 5e édition. . . . . 4 fr.

Extrait de la table des matières. — Plantation de la maison et opération sur le terrain. — La construction en élévation. — La visite au chantier. — — L'étude des escaliers. — Ce que c'est que l'architecture. — Études théoriques. — La charpente. — La fumisterie. — La menuiserie. — La couverture et la plomberie. — L'inauguration de la maison.

MANGANÈSES (Voir Potasses, page 54).

MARCHANDISES (*La liberté et le courtage des*), par V. EMION. Commentaire pratique de la loi du 18 juillet 1866. — **Épuisé.** —

MARCHANDISES (Voir Exploitation des chemins de fer, page 23).

MARÉCHALERIE-FERRURE. 1 volume. — **En préparation.** —

MATIÈRES INDUSTRIELLES (*Guide pratique pour l'essai des*), d'un emploi courant dans les usines, les chemins de fer, les bâtiments, la marine, etc., à l'usage des ingénieurs, manufacturiers, architectes, officiers de marine, etc., par Jules GAUDRY, chef du laboratoire des essais au chemin de fer de l'Est. 1 volume avec 37 figures et nombreux tableaux. . . . . 4 fr.

SOMMAIRE DES PRINCIPAUX CHAPITRES : PREMIÈRE PARTIE. — *Principes généraux de l'essai chimique.* — I. Composition et décomposition des corps. — II. Principes fondamentaux de l'analyse. — III. Manipulations chimiques. — IV. Marche de l'analyse. — DEUXIÈME PARTIE. — *Méthode d'essai des principales substances d'emploi courant.* — TROISIÈME PARTIE. *Tableaux :* Tableau A. Des principaux corps simples. — B. Division des bases en cinq groupes. — C. Division des acides en trois groupes. — D. Décomposition de l'eau par les métaux. — E. Analyse de l'eau. — F. États des incinérations. — G. Degré oléométrique des huiles. — H. Tableau comparatif des principaux métaux industriels. — Appareils divers pour les essais.

Gravure spécimen de *Comment on construit une maison.* (Voir page 43).

MÉCANICIEN (❋ *Guide pratique de l'ouvrier*), ou la MÉCANIQUE DE L'ATELIER, par MM. Bonnefoy, Cochez, Dinée, Gibert, Guipont, Juhel et Ortolan, mécaniciens en chef et mécaniciens principaux de la marine de l'État. 1 volume avec de nombreuses figures dans le texte et un atlas de 52 planches. Texte et atlas. 2ᵉ édition. 12 fr.

Extrait de la Préface. — L'*Ouvrier mécanicien* est un recueil de faits réunis sous la forme de calculs arithmétiques accessibles à toutes les personnes qui savent faire les quatre premières règles. Nous ne saurions trop recommander aux ouvriers qui ne sont plus familiarisés avec les signes et les annotations mathématiques élémentaires, de ne pas croire qu'il y a pour eux quelque difficulté à comprendre les formules écrites dans ce livre et à s'en servir. Les calculs qu'elles résument sous la forme la plus simple sont suivis d'un ou de plusieurs exemples d'application.

Les parties du texte imprimées en caractères plus forts contiennent les indications simples et précises sur le plus grand nombre de cas d'application de la mécanique aux professions industrielles. Ces indications proviennent de l'expérience des ingénieurs et des constructeurs en renom et de celle des auteurs du livre.

Les parties du texto imprimées en petits caractères traitent le côté plus théorique que pratique des questions. On peut se dispenser de les étudier, si on ne veut trouver dans l'*Ouvrier mécanicien* que le secours d'un formulaire pour l'application immédiate.

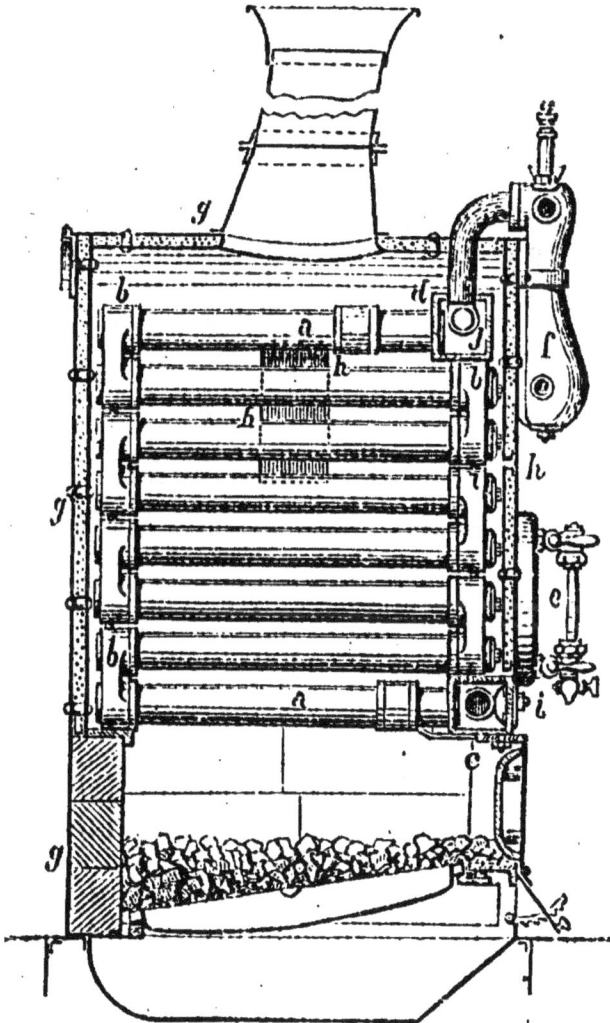

Figure spécimen du *Guide pratique de l'Ouvrier mécanicien*.

Principales divisions de l'ouvrage : Arithmétique. — Algèbre pratique. — Géométrie pratique. — Mécanique élémentaire, forces, transformation des mouvements, résistance des matériaux. — Machines motrices à air, pompes, machines hydrauliques. — Machines à vapeur; de la chaleur, de la vapeur, condensateur, chaudières, données et renseignements divers.

Vingt-cinq tables numériques complètent les données pratiques sur les questions d'application. L'atlas comprend 52 planches.

MÉCANIQUE (*Introduction à l'étude de la*), par Louis Du Temple, capitaine de frégate en retraite. 1 volume. —En préparation.—

MÉDECINE USUELLE (Voir Hygiène et Médecine usuelle, page 38).

MÉTALLURGIE (*Guide pratique de*), ou exposition détaillée des divers procédés employés pour obtenir des métaux utiles, précédé du Dictionnaire des mots techniques employés en métallurgie et de l'essai de la préparation des minerais, par D. L., 1 volume avec 8 planches in-4 gravées sur cuivre comprenant plus de 100 figures . 4 fr.

Extrait de la table des matières : Définition et aperçu de l'histoire de la métallurgie. — Vocabulaire des mots techniques métallurgiques. — Première partie. — *De l'essai des minerais.* — Des essais mécaniques par la voie sèche, la voie humide, d'or, d'argent, de platine, de fer, de cuivre, de zinc, d'étain, de plomb, de plomb argentifère par la coupellation, de mercure, d'antimoine, d'arsenic, de bismuth. — Deuxième partie. — *De la préparation et du traitement des minerais.* — I. De la préparation des minerais; triage, criblage, bocardage, lavage, grillage. — II. Traitement métallurgique des minerais d'or, d'argent, de platine, de fer, de cuivre, de zinc, d'étain, de plomb, de mercure, antimoine, arsenic, bismuth, etc. — Préparation mécanique. — Amalgamation, etc., etc.

MÉTAUX ALCALINS (Voir Aluminium et Métaux alcalins, page 15).

MÉTÉOROLOGIE AGRICOLE (*Manuel de*) appliquée aux travaux des champs, à la physiologie végétale et à la prévision du temps, par F. Canu, météorologiste-publiciste et Albert Larbalétrier, diplomé de l'École de Grignon, sous-directeur à la ferme-école de la Pilletière, 1 volume avec 3 figures et de nombreux tableaux. . 2 fr.

Extrait de la table des matières : *Notions préliminaires.* — *Chaleur :* Action de la chaleur sur le sol, échauffement, desséchement, action de la chaleur sur la plante, évolution, action physique. — *Lumière :* Production de la chlorophylle, assimilation, transpiration, lumière du sol. — *Humidité de l'air.* — *Brouillard et rosée.* — *Pluie.* — *Froid.* — *Gelées.* — *La neige.* — *Vents.* *Électricité.* — *Grêle.* — *Les éléments de l'air et le sédiment.* — *Instructions météorologiques.* — *Prévision du temps :* Prévision à longue et à courte échéance, prévisions des gelées nocturnes. — *Tableaux divers.*

MÉTIERS MANUELS (*Le livre des*), répertoire des procédés industriels, tours de main et ficelles d'atelier, recettes nouvelles et inédites, méthodes abréviatives de travail recueillies en vue de permettre aux amateurs, manufacturiers, ouvriers des petites villes et des campagnes d'exécuter aussi bien que les ouvriers spécialistes de Paris tous les travaux usuels d'une utilité journalière, par J.-P. Houzé. 1 volume avec 5 planches hors texte comprenant de nombreux dessins techniques . . . . 5 fr.

MINÉRALOGIE USUELLE (*Guide pratique de*). Exposition succincte et méthodique des minéraux, de leurs caractères, de leur composition chimique, de leurs gisements, de leur application aux arts et à l'industrie, par M. Drapiez. 1 volume . . . . 3 fr.

A la lucidité des définitions et à la simplicité de la méthode d'exposition, ce guide joint un mérite qui n'échappera pas aux hommes pratiques ; il contient la description des 1,500 espèces minérales dont il analyse les caractères distinctifs, la forme régulière et la forme irrégulière, les propriétés particulières, les compositions chimiques et les synonymies, les gisements, les applications dans les arts, dans l'industrie, etc.

MINÉRALOGIE APPLIQUÉE (*Guide pratique de*), histoire naturelle inorganique ou connaissance des combustibles minéraux, des pierres précieuses, des matériaux de construction, des argiles céramiques, des minerais manufacturiers et des laboratoires, des minerais de fer, de cuivre, de zinc, de plomb, d'étain, de mercure, d'argent, d'antimoine, d'or, de platine, etc., par A.-F. Noguès, professeur de sciences physiques et naturelles. 2 volumes avec 248 figures. 10 fr.

Cet ouvrage a été écrit principalement pour les personnes qui désirent acquérir des notions justes, pratiques et usuelles sur les minerais métallifères et les minéraux employés dans les arts et l'industrie. Les étudiants qui suivent les cours des Facultés, les élèves des Écoles spéciales et industrielles, les ingénieurs, les élèves des Écoles des mines, les mineurs, les agriculteurs, les directeurs d'exploitations minières, les gardes-mines, les amateurs et les gens du monde qui voudront acquérir des connaissances pratiques en minéralogie, le consulteront avec fruit.

Ce guide a été conçu dans un esprit essentiellement pratique et industriel. M. Noguès, en publiant cet ouvrage, a voulu offrir au public le cours de minéralogie qu'il professe avec tant de succès à l'École centrale des arts et manufactures de Lyon. — Nous ne donnons pas ici la table des matières contenues dans l'œuvre de M. Noguès, elle est trop considérable, mais nous indiquerons le titre des chapitres.

I. Définitions des termes et généralités. — II. Caractères géométriques des minéraux ou cristallogie. — Cristallogie comparée ou morphologie minérale. — Cristallogénie. — Caractères physiques, chimiques et géologiques des minéraux. — Classification des minéraux. — Description des espèces minérales. — Appendice au carbone. — Organolithes. — Classifications.

N

NATURALISTE(*Manuel du*).—Zoologie—par AGASSIZ et GOULD. Traduit par Élisée Reclus. 1 volume. — **En préparation.** —

O

OCTROIS (*Nouveau manuel des*), par E. LAFFOLAY, inspecteur de l'octroi en retraite. 1 volume avec tableaux . . . . 4 fr.

Observations concernant la rédaction des procès-verbaux. — Formulaire pour la rédaction des procès-verbaux les plus usuels en matière d'octroi, en matière de contributions indirectes et d'octroi et en matière de contributions indirectes inclusivement.

OIES et **CANARDS** (*Guide pratique de l'éducation lucrative des*), par MARIOT-DIDIEUX, vétérinaire. 1 volume. . . . . 2 fr. 50

. Les ouvrages de M. Mariot-Didieux sont au premier rang parmi ceux qu enrichissent notre bibliothèque. Aussi voulons-nous; pour en mieux faire ressortir le mérite, donner ici le sommaire des principaux chapitres.

1o *L'oie*. — Histoire naturelle. — Races françaises, petite race, grosse race et leurs variétés au nombre de cinq. Races étrangères; elles sont au nombre de douze.— Produits de l'oie, du plumage, de la multiplication, des accouplements, de la ponte, de l'incubation. — Eclosion, nourriture des oisons, nourriture ordinaire des oies. — Logement. — Engraissement. — Foies gras. — Manière de tuer les oies. — Commerce, vente, mégissage des peaux d'oies pour fourrures, — Maladies, hygiène.

2o *Du Canard*. — Histoire naturelle, mœurs. — Races françaises; elles sont au nombre de quatre. — Races étrangères, on en compte onze principales. — De la ponte. Manière d'augmenter la ponte. — De l'incubation naturelle. — Des canards mulets. — Nourriture et élevage des canetons, engraissement. — Vente des canetons. — Comment on doit tuer le canard. — Du plumage. — Habitation. — Maladies. — Hygiène, etc.

OSTRÉICULTEUR (*Guide pratique de l'*), ou Cultur
des huîtres et procédés d'élevage et de multiplication de
races marines comestibles, histoire naturelle des mollusque
et des crustacés. — Causes du dépeuplement progressif de
bancs d'huîtres. — Industrie et procédés actuels. — Con
truction des claires, parcs, viviers, etc. — Exploitation de
claires. — Culture des moules. — Élevage des homard
langoustes, etc., par Félix FRAICHE, professeur de science
mathématiques et naturelles. 1 volume avec figures dans 1
texte . . . . 3 f

Les chemins de fer et la navigation, en diminuant les distances, ont cr
pour les races marines comestibles des débouchés qui leur avaient manqué ju
qu'alors. De là et d'autres causes que M. Fraiche indique, l'appauvrisseme
des bancs d'huîtres. L'auteur, qui s'est inspiré des travaux de M. Coste, d
montre que l'ostréiculture est une industrie facile à créer et à développer,
qui donne des résultats rémunérateurs à ceux qui savent l'exploiter.

Figure spécimen du *Guide de l'Ostréiculteur*.

P

PAPIER et du **CARTON** (*Guide pratique de la fabrication du*), par A. PROUTEAUX, ingénieur civil, ancien élève de l'École centrale des arts et manufactures, ancien directeur de papeterie. Nouvelle édit. 1 volume avec 8 planches. 4 fr.

EXTRAIT DE LA TABLE DES MATIÈRES. — Historique. — Matières premières. — Fabrication : triage, délissage, blutage, lavage et lessivage, défilage, égouttage, blanchiment, raffinage, collage, matières colorantes, travail de la machine à papier, de l'apprêt. — Fabrication du papier à la cuve ou à la main. — Classification des papiers. — Diverses substances propres à la fabrication du papier. — Papier de paille, papier de bois, papier d'alfa. — Papiers spéciaux. — Analyse chimique des matières employées en papeterie. — Matériel d'une papeterie. — Prix de revient, personnel, administration d'une papeterie. — Fabrication du carton. — Fabrication du papier en Chine et au Japon. — Considérations économiques. — Principaux brevets d'invention français relatifs à l'industrie du papier. — Prix des appareils et des principales matières employées en papeterie.

PARFUMEUR (*Guide pratique du*), dictionnaire raisonné des **cosmétiques et parfums**, contenant : la description des substances employées en parfumerie, les altérations ou falsifications qui peuvent les dénaturer, etc., les formules de plus de 500 préparations cosmétiques, huiles parfumées, poudres dentifrices dilatoires, eaux diverses, extraits, eaux distillées, essences, teintures, infusions, esprits aromatiques, vinaigres et savons de toilette, pastilles, crèmes, etc., par le docteur B. LUNEL. 1 volume rédigé sous forme de dictionnaire avec un appendice. . . . . 4 fr.

La parfumerie est une industrie qui, bien comprise et loyalement faite, se rattache d'un côté à l'hygiène et de l'autre est destinée à satisfaire des goûts et des sensations commandées par le luxe et une civilisation plus ou moins avancée.

M. Lunel divise la fabrication en trois classes : fabrique de parfumerie à bon marché, fabrique dont les produits sont coûteux, et enfin les fabriques mixtes, dans les vastes magasins desquelles ont trouve aussi bien les produits ordinaires que les produits extra-fins.

M. Lunel donne des renseignements précieux sur toutes ces préparations, et son livre a cela de précieux qu'il donne toutes les formules et les secrets de la fabrication.

PERSPECTIVE (*Théorie pratique de la*). Étude à l'usage des artistes peintres, des élèves des Écoles des beaux-arts, des Écoles industrielles, etc., par V. PELLEGRIN, peintre. 1 volume avec 42 figures et 1 planche de 16 figures. 4 fr.

PHYSIQUE (* *Introduction à l'étude de la*), par Loui Du Temple, capitaine de frégate en retraite. 1 volum avec 146 figures, 2ᵉ édition . . . . 4 fr

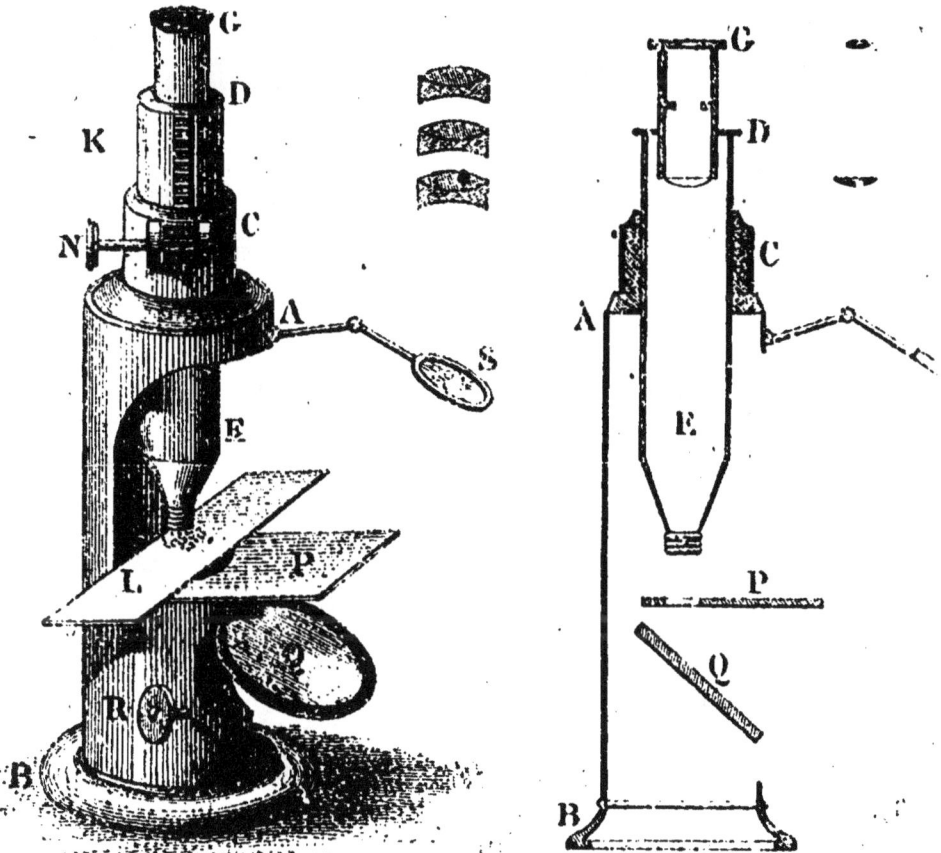

Figure spécimen de l'*Introduction à l'Étude de la physique.*

Sommaire des principaux chapitres : *Quelques définitions de chimie :* Éléments qui entrent dans la composition des corps. — Nomenclature chimique. — *Introduction.* — *La Force :* Pesanteur. — Actions moléculaires. — *Calorique et Chaleur :* Température. — Mode de propagation de la chaleur. — Changement d'état des corps par la chaleur. — *Lumière.* — Réflexion de la lumière. — Réfraction. — Décomposition et recomposition de la lumière. — Applications diverses des phénomènes de la lumière. — Lunettes. — *Sons.* — Propagation. — Réflexion. — Vibration. — *Électricité.* — *Électro-Magnétisme.* — *Electro-Chimie.*

PHOTOGRAPHIE (*L'étudiant*), traité pratique de photographie à l'usage des amateurs, avec les procédés de MM. Civiale, Bacot, Cavelier, Robert, par A. CHEVALIER. 1 volume avec 68 figures . . . . 3 fr.

Figure spécimen de l'*Étudiant photographe*.

Ce livre est un manuel simplifié de photographie. Il sera utile à tous ceux qui voudront s'occuper des moyens de reproduire la nature à l'aide de la lumière. Comme son titre l'indique, c'est le livre de l'étudiant, et certes nous n'avons, en le livrant à la publicité, qu'un seul désir, celui d'être utile. Nous sommes sûrs des procédés indiqués, car nous avons dû expérimenter nous-mêmes celui relatif au collodion humide.

PIERRES PRÉCIEUSES (Voir Joaillier, page 40).

PLANTES FOURRAGÈRES (*Guide pratique pour la culture des*), par A. GOBIN, ancien élève de l'École de Grand-Jouan, ancien directeur de la colonie pénitentiaire du Val-d'Yèvres (Cher).

Première partie. — **PRAIRIES NATURELLES, PATU-RAGES**, avec un appendice reproduisant la loi du 21 juin 1866 sur les associations agricoles. 1 volume avec de nombreuses figures. . . . . 3 fr.

Figure spécimen du *Guide pratique pour la culture des Plantes Fourragères*.

Deuxième partie.—**PRAIRIES ARTIFICIELLES, PLANTES, RACINES,** 1 volume avec 87 figures . . . . 3 fr.

Figure spécimen du *Guide pratique pour la culture des plantes fourragères.*

Les fourrages sont la base de toute culture, et il est admis aujourd'hui, par tous les agriculteurs intelligents, que pour avoir du blé il faut faire des prés. M. Gobin, guidé par sa grande expérience, a voulu rédiger un guide tout pratique indiquant tout ce qui doit être observé pour obtenir les meilleurs résultats et éviter les dépenses inutiles : mais, comme il le dit dans sa préface, si le titre même de son livre lui a fait une loi de se restreindre à la culture des plantes fourragères et de s'abstenir de considérations scientifiques inutiles au but qu'il poursuit, il ne s'est pas interdit les applications pratiques des sciences, en tant qu'elles se rapportent à l'explication des phénomènes ou à l'amélioration des méthodes de culture. « C'est là, en effet, dit-il, ce que nous entendons par la pratique, et non point seulement la routine manuelle, qui consiste à savoir tenir les mancherons de la charrue, charger une voiture de gerbes ou manier la faux, celle-ci suffit à un ouvrier, celle-là est nécessaire au moindre cultivateur intelligent. »

Ce guide peut être considéré comme le résumé des leçons professées avec tant de succès par M. Gobin à l'*Ecole de Grignon.*

PONTS ET CHAUSSÉES et de l'Agent voyer (*Guide pratique du Conducteur des*). Principes de l'art de l'ingénieur, comprenant : plans et nivellements, routes et chemins, ponts et aqueducs, travaux de construction en général et devis, par F. BIROT, ingénieur civil, ancien conducteur des ponts et chaussées. 4° édition, revue et augmentée.

Première partie. — **ROUTES.** — 1 vol. accompagné de 12 planches doubles, contenant 99 figures. . . . . . 4 fr.

Deuxième partie. — **PONTS.** — 1 vol. accompagné de 8 planches doubles, contenant 44 figures. . . . . . 4 fr.

Nous allons donner un extrait de la table des matières de ces volumes, devenus le *vade-mecum* des agents des ponts et chaussées.

Première partie. — Chap. Ier. — Tracé et mesure des lignes. Arpentage proprement dit. Mesure des angles. Levé à l'échelle. Instruments. — *Chap. II.*

Objets du nivellement. Niveaux de différents systèmes. Stadia. — *Chap. III.* Classification des routes. Projets. De la forme générale des routes. Tracé des courbes. Tables diverses. — *Chap. IV.* Construction des chaussées. Entretien des routes. Déblais et remblais.

Deuxième partie. — *Chap. I.* Ponts et aqueducs. Ponceaux. Murs de soutènement. Parapets. Voûtes biaises. Sondages. Pieux. Pilotis. Palplanches. Enrochements. — *Chap. II.* Des cintres et des ponts en charpente. — *Chap. III.* Études des matériaux employés dans les constructions. — *Chap. IV.* Du métrage et du devis. Avant-métré d'un aqueduc, d'un ponceau, etc.

L'auteur a terminé par le programme d'admission pour l'emploi de conducteur.

PORCHERIES (Voir Habitations des animaux, page 37).

POTASSES (*Guide pratique pour reconnaître et pour déterminer le titre véritable et la valeur commerciale des*), des SOUDES, des CENDRES, des ACIDES et des MANGANÈSES, avec neuf tables de déterminations, traduit de l'allemand par le docteur G.-W. BICHON, ancien élève de M. Justus Liebig, nouvelle édition, augmentée de notes, tables et documents, par R. FRÉSÉNIUS et le Dr WILL, docteurs, assistants et préparateurs au laboratoire de Giessen. 1 volume avec figures. . . . . 2 fr.

Le livre de MM. Frésénius et Will est le résultat des précieuses recherches auxquelles se sont livrés ces deux savants chimistes étrangers; c'est avec beaucoup de pénétration et de succès qu'ils sont parvenus à perfectionner les méthodes d'essais relatifs aux potasses, soudes, acides et manganèses.

POUDRES ET SALPÊTRES (*Guide pratique de la fabrication des*), avec un appendice par le major STEERK sur les *feux d'artifice*, par M. SPILT. 1 volume avec de nombreuses figures dans le texte. . . . . 6 fr.

Dès les premières lignes de ce livre, on s'aperçoit que l'auteur est un homme compétent dans la matière qu'il traite, et qu'à l'étude dans le laboratoire, le major Steerk a joint l'expérience en grand. Dans ses données, tout est rigoureusement exact, et on peut accepter l'auteur comme guide, sans craindre de se tromper.

L'appendice sur les feux d'artifice résume en quelques pages les notions nécessaires pour la confection de ces feux.

Sommaire des chapitres. — *Première partie :* Soufre, salpêtre, bois. — Charbon : carbonisation par distillation, par vapeur, analyses des charbons. — Poudres : poudres de guerre, poudres de mine, poudres du commerce extérieur et poudres de chasse. — Epreuves. — Combustion des poudres, dosages, analyses.

Deuxième partie : Feux d'artifice. — Historique, matières premières, produits chimiques, outils, cartonnages, cartouches, feux qui produisent leur effet sur le sol, feux qui le produisent dans l'air, sur l'eau, etc., feux de salon, feux de théâtre. Confection des principales pièces d'artifice.

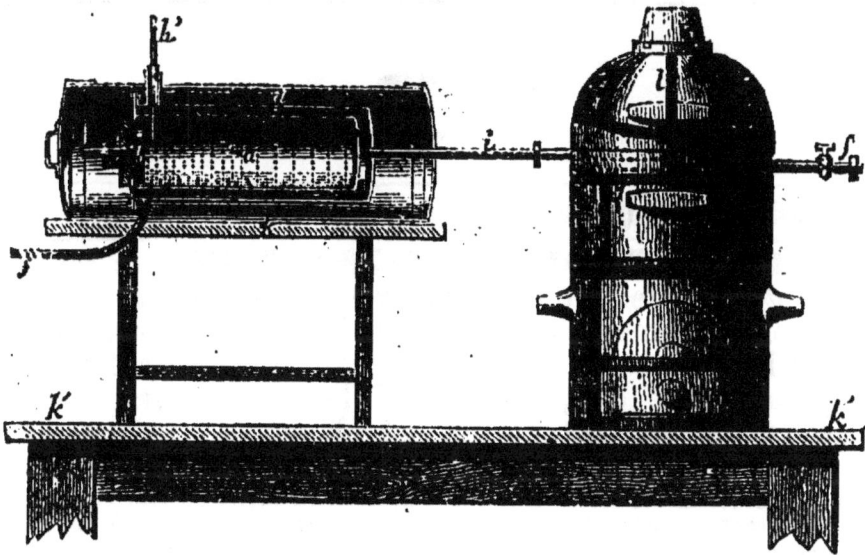

Figure spécimen du *Guide de la fabrication des poudres et salpêtres.*
(Voir page 54.)

POULES (*Éducation lucrative des*), ou traité raisonn de gallinoculture, par MARIOT-DIDIEUX, vétérinaire er premier aux remontes de l'armée, membre et lauréat d plusieurs sociétés savantes. 1 volume . . . . 3 fr. 5

L'éducation, la multiplication et l'amélioration des animaux qui peuplen les basses-cours ont fait depuis une quinzaine d'années de notables progrè Répondant à un besoin de l'économie domestique, l'auteur de ce guide pra tique a voulu faire un traité complet de gallinoculture dans lequel, aprè des considérations historiques, anatomiques et physiologiques sur les poule il décrit les caractères physiques et moraux de quarante-deux races, appren à faire un choix parmi ces races si diverses et indique les moyens de conser vation et de multiplication des individus. Des chapitres spéciaux sont consa crés aux maladies, à la pharmacie gallindo, à la statistique des poules et de œufs de la France, etc.

Les ouvrages de M. Mariot-Didieux sont au premier rang parmi ceux qu enrichissent notre bibliothèque. Aussi voulons-nous, pour en mieux faire res sortir le mérite, donner ici le sommaire des principaux chapitres :

Gallinoculture. — De la poule, son antiquité, son utilité, expositions, con cours, anatomie, considérations physiologiques, des sensations, voix du coq voix de la poule. — Choix des races. — Signes extérieurs de la ponte. – Considérations sur les races de poules. — Races françaises, hollandaises, bel ges, anglaises, espagnoles, italiennes, prussiennes.— Races asiatiques, indienne japonaises, indo-chinoises. — Races syriennes, africaines, américaines. — Race de l'Océanie. — Du croisement des races. — Dépenses et produits de la poule — Du poulailler, de la cour, des œufs. Moyens de reculer, d'augmenter ou d'a vancer la ponte. — Fécondation du coq. — Castration ou chaponnage des coq — De l'incubation. — Elevage des poulets. — Maladies des poules. — De l saignée. — Pharmacie. — Vente des produits, etc.

R

ROSEAU (Voir Saule, page 55).

ROUES HYDRAULIQUES (*Traité de la construction des*), contenant tous les systèmes de roues en usage, les renseignements pratiques sur les dimensions à adopter pour les arbres tournants, les tourillons, les bras de roues hydrauliques, etc., etc., par Jules LAFFINEUR. 1 volume avec de nombreux tableaux et 8 planches. . . . . . 3 fr. 50

L'auteur démontre dans sa préface que le perfectionnement des machines motrices des usines est à la fois une nécessité d'intérêt général et privé. Dans son ouvrage, il recherche et il définit les principales conditions à remplir sous ce rapport, et il donne ensuite tous les détails relatifs à la construction des roues hydrauliques dans les meilleures conditions possibles.

Fidèle à la méthode qui lui est propre, M. Laffineur s'est surtout attaché à se faire comprendre par la simplicité des termes employés et par les nombreux exemples qu'il donne.

Les planches sont d'une grande netteté ; elles représentent tous les systèmes de roues en usage, roues à palettes, roues pendantes, roues en dessous et à aubes courbes, roues à augets, roues horizontales, roues à niveau constant, frein dynamométrique, etc.

ROUTES (Voir Ponts et Chaussées, page 53).

S

SALPÊTRES (Voir Poudres, page 54).

SAULE (*Guide pratique de la culture du*) et de son emploi en agriculture, notamment dans la création des oseraies et des saussaies, avec un appendice sur la culture du roseau, par M.-J. KOLTZ, chevalier de l'ordre R. G. D. de la Couronne de chêne, agent des eaux et forêts, etc. 1 volume avec 35 figures dans le texte . . . . 2 fr.

Ce travail a pour objet de faire ressortir les avantages que procure la culture du saule dans les terrains qui lui conviennent, et qui, le plus souvent, ne peuvent être rendus productifs qu'à l'aide de cette essence ; M. Koltz donne donc le moyen de mettre en produit des terrains vagues. Dans certains parages, le roseau commun forme le complément obligé de l'osier ; l'appendice que M. Koltz a consacré à cette plante renferme des détails intéressants, surtout pour les propriétaires de terrains aujourd'hui tout à fait improductifs.

SCIENCES PHYSIQUES(*Éléments des*), appliquée
à l'agriculture ; ouvrage divisé en deux parties, par A.-l
POURIAU, docteur ès sciences, ancien élève de l'Éco
centrale, professeur à l'École d'agriculture de Grignon.

Chaque partie se vend séparément.

Première partie. **CHIMIE INORGANIQUE**, suivie (
l'étude des marnes, des eaux, et d'une méthode généra
pour reconnaître la nature d'un des composés minérau
intéressant l'agriculture ou la médecine vétérinaire. 1 v
lume avec 153 figures dans le texte et tableaux. . . 7 f

Deuxième partie. **CHIMIE ORGANIQUE**, comprena
l'étude des éléments constitutifs des végétaux et d
animaux, des notions de physiologie végétale et animal
l'alimentation du bétail, la production du fumier, 1 volun
avec 65 figures dans le texte et tableaux. . . . . . . 7 f

Figure spécimen des *Éléments des sciences physiques.*

M. Pouriau, aujourd'hui professeur et sous-directeur à l'École d'agricultu
de Grignon, a été nommé secrétaire général de la Société d'agriculture de Ly
à l'élection. Voilà quelques-unes des titres du savant professeur; quant à (
ouvrages, ils sont promptement devenus classiques et ils sont en même tom
consultés avec fruit par tous les agriculteurs, les propriétaires, les genti
hommes-fermiers et par tous les gens d'étude et les gens du monde. Pour ce
dernière classe de lecteurs, nous citerons le passage de la préface qui indiq
que cet ouvrage a été en partie rédigé à leur intention :

« Mais, d'autre part, je conseille aux gens du monde, que de semblables (
tails ne peuvent que médiocrement intéresser, de laisser de côté ces paragraph
pour reporter leur attention sur les autres chapitres.

« Enfin, toujours guidé par le désir de satisfaire aux besoins de chaque clas
de lecteurs, j'ai indiqué, *en note et séparément*, la préparation des principa
corps étudiés, parce que cette branche du cours ne saurait être utile qu'à ce
en position de faire quelques manipulations.

« Si les amis de la science agricole me prouvent, par un accueil bienveill
fait à mon livre, que j'ai suivi la bonne voie, je leur en témoignerai ma rec
naissance en leur offrant successivement les autres parties de mon enseig
ment. »

SERRURERIE (*Nouveaux Barêmes de*), par E. ROULAND, 1 volume . . . . 4 fr.

EXTRAIT DE LA TABLE DES MATIÈRES. — *Balcons* en barreaux de fer rond avec ou sans ornements, en barreaux de fer plats, en barreaux de fer carré. — *Grilles fixes* en barreaux de fer rond avec ou sans petits barreaux, avec ou sans ornements. — *Grilles ouvrantes* à deux vantaux avec ou sans petits barreaux, avec ou sans ornements. — *Portes* à un vantail et à deux vantaux en fer à T avec panneaux tôle. — *Poids des fers*, fers plats, carrés, ronds, T et cornières double T. — *Poids des tôles.*

SOUDES (Voir Potasses, page 54).

SUCRES (*Guide pour l'essai et l'analyse des*), indigènes et exotiques, à l'usage des fabricants de sucre. Résultats de 200 analyses de sucres classés d'après leur nuance, par E. MONIER, ingénieur chimiste, ancien élève de l'École centrale des arts et manufactures, 1 volume avec figures dans le texte et tableaux . . . . 3 fr.

L'auteur, après avoir rappelé les propriétés générales des substances saccharifères, donne les méthodes les plus simples qui permettent de doser avec précision ces mêmes substances. Quelques notes sur l'altération et le rendement des sucres soumis au raffinage terminent le travail de M. Monier, dont M. Payen a fait un éloge mérité devant l'Académie des sciences.

T

TEINTURIER (*Guide du*), manuel complet des connaissances chimiques indispensables à la pratique de la teinture, par Frédéric FOL, chimiste. 1 volume avec 91 figures dans le texte. . . . . 8 fr.

En publiant cet ouvrage, l'auteur s'est proposé de répandre dans la population ouvrière qui s'occupe des travaux de teinture, les connaissances nécessaires des sciences sur lesquelles est basée cette industrie.

TÉLÉGRAPHIE ÉLECTRIQUE (*Guide pratique de*), ou *Vade-mecum* pratique à l'usage des employés des lignes télégraphiques, suivi du programme des connaissances exigées pour être admis au surnumérariat dans l'administration des lignes télégraphiques, par B. MIÉGE, directeur de lignes télégraphiques. 1 volume avec 45 figures dans le texte. . . . . 2 fr.

M. Miége n'a pas voulu faire seulement un livre utile, mais bien un guide indispensable. Aux notions préliminaires sur le magnétisme, les différentes sources d'électricité et les propriétés des courants, succède la description de tous les appareils usités, avec l'indication des signaux généralement adoptés

Des formules d'une grande simplicité permettent de se rendre compte de l'intensité des courants et de rechercher la cause des dérangements.

TERMES TECHNIQUES (✳*Dictionnaire des) de la science, de l'industrie, des lettres et des sciences, par A. Souviron, professeur de technologie et d'histoire naturelle à l'Association polytechnique. 1 volume . 6 fr.

TISSUS (Manuel du commerce des). — En préparation.

✳*TRANSMISSIONS DE LA PENSÉE ET DE LA VOIX, par Louis Du Temple, capitaine de frégate en retraite. 2° édit. 1 volume avec 62 figures. . . . 4 fr.

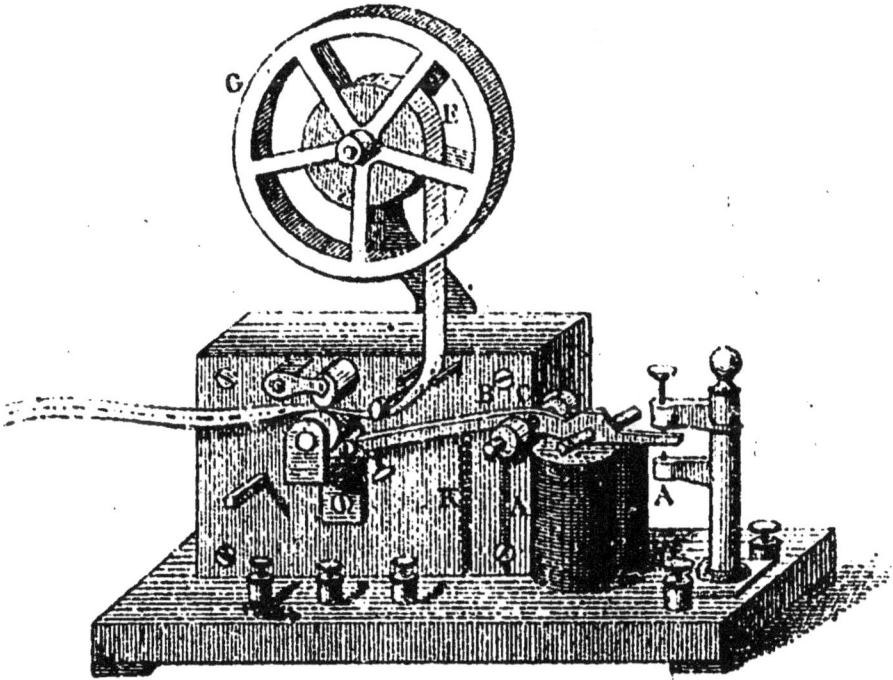

Figure spécimen de la *Transmission de la pensée et de la voix.*

Sommaire des principaux chapitres : *Organe de la vue et moyens employés pour la corriger.* — Structure de l'œil. — Marche des rayons lumineux dans l'œil. — *Organe de la voix.* — *Organe de l'ouïe.* — Oreille. — Comment l'homme peut diminuer les imperfections de l'ouïe. — *Langage.* — Définition. — Langage écrit. — Grandes inventions modernes. — *Papier.* — Historique. — Fabrication du papier à la main ou papier de cuve. — Fabrication du papier à la mécanique. — Différentes espèces de papier. — *Imprimerie ou Typographie.* — Historique. — Gravure. — Lithographie. — Presses typographiques. — Clichage. — Gravure en creux. — Gravure en relief. — *Photographie.* — Historique. — Procédés. — Photographie sur verre. — Préparation du collodion et son emploi. — *Électro-Métallurgie.* — Galvanoplastie. — Appareils galvanoplastiques. — Applications de la galvanoplastie. — *Télégraphes aériens, pneumatiques, électriques.* — *Téléphone.* — *Phonographe.* — *Aérophone.* — *Postes.*

V

VACHE LAITIÈRE (*Guide pratique pour le choix de la*), par Ernest Dubos, vétérinaire de l'arrondissement de Beauvais, professeur de zootechnie à l'Institut agricole de la même ville. 1 volume avec 7 planches. 2ᵉ édition.   2 fr. 50

Les diverses méthodes pour le choix des vaches laitières sont résumées dans ce livre. Les agriculteurs et les éleveurs y trouveront l'indication des signes qui peuvent les guider pour la conservation et l'acquisition des animaux qui conviennent le mieux à leurs exploitations. — Les figures représentant les diverses races de vaches laitières qui sont remarquables.

Dans le chapitre premier, l'auteur s'occupe de la stabulation, de l'alimentation et du rendement. — Le chapitre deuxième est consacré à l'étude du lait, ses modifications et ses altérations. — Dans les autres chapitres, l'auteur donne des renseignements pour reconnaître les propriétés du lait, le moyen de reconnaître les falsifications, les qualités exigées de la servante de ferme et la manière de traire. — Dans les chapitres sixième et septième, il indique les caractères et les méthodes qui peuvent guider dans le choix des meilleures vaches laitières.

VERNIS (*Guide pratique de la Fabrication des*), nouvelle édition, revue, corrigée et complètement refondue,

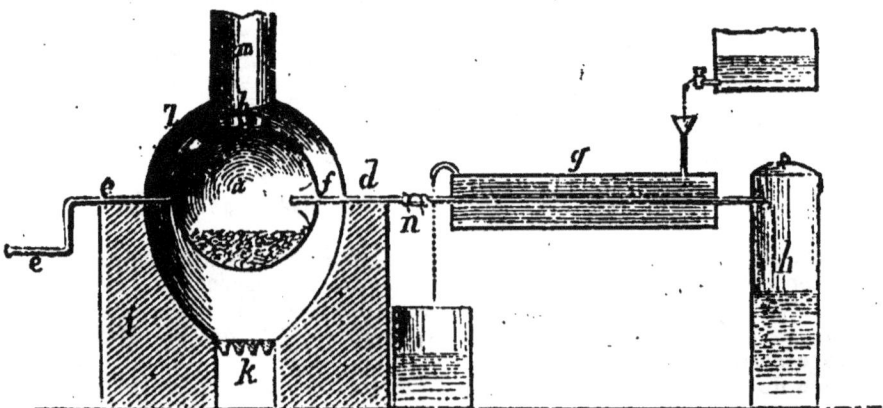

Figure spécimen de la *Fabrication des Vernis.*

de l'ouvrage de M. Tripier-Deveaux, par H. Violette, ancien élève de l'École polytechnique, commissaire des

poudres et salpêtres, membre de plusieurs sociétés savantes. 1 volume avec figures dans le texte . . . . . . 6 fr.

Extrait de la préface. — Les vernis ne sont autres que des solutions de résines dans certains liquides. Ces liquides, qui sont ordinairement l'*éther*, l'*alcool*, l'*essence de térébenthine* et les *huiles*, donnent aux vernis qui en résultent
des propriétés caractéristiques qui en déterminent l'usage. Cette désignation des
liquides nous permet de diviser les vernis en quatre classes. — Vernis à l'éther.
— Vernis à l'alcool. — Vernis à l'essence. — Vernis gras.

Cette division sera celle des quatre chapitres composant notre ouvrage : nous
examinerons chaque classe successivement ; cet examen comprendra : 1o les
propriétés physiques et chimiques, ainsi que la préparation du liquide employé
à dissoudre les résines de cette classe ; 2o les propriétés physiques et chimiques, ainsi que l'origine des résines employées dans cette catégorie ; 3o la fabrication proprement dite des vernis, par le mélange des résines et liquides
précédemment étudiés.

VIDANGE AGRICOLE (*Guide pratique de la*), à
l'usage des agronomes, propriétaires et fermiers. Richesse
de l'agriculture. Description de moyens faciles, économiques, salubres et pratiques, de recueillir, de désinfecter
et d'employer utilement en agriculture l'engrais humain,
par J.-H. TOUCHET, chef de service à la compagnie Richer,
2o édition, 1 volume avec figures. . . . . 1 fr.

Ce Guide, en ce qui concerne les vidanges et les différentes manières d'employer l'engrais humain, est le résumé des meilleures méthodes pratiquées
actuellement. Les fermiers y trouveront tous des indications utiles. M. Touchet
enseigne aux agronomes de la grande et de la petite culture des moyens simples
et peu coûteux de se procurer de riches fumiers, richesses trop souvent négligées
et perdues pour l'agriculture.

VIGNE (*La*) et ses maladies, contenant les causes et
effets morbides depuis l'origine de sa culture jusqu'à nos
jours, avec les moyens à employer pour les prévenir et les
combattre. Précédé d'une description historique et botanique de cette plante précieuse, ainsi que d'une causerie sur
l'oïdium et le phylloxera, par SERIGNE (de Narbonne),
membre de plusieurs sociétés savantes. 1 volume. . 3 fr.

SOMMAIRE DES PRINCIPAUX CHAPITRES. — Description historique. — Description
botanique. — L'oïdium et le phylloxera. — Description historique de l'oïdium.
— Maladies de l'oïdium. — Concours pour la guérison de l'oïdium. — Opinions
émises sur l'oïdium. — L'oïdium est-il la cause de la maladie? — Remède
adopté contre la maladie. — Effets du soufrage. — Causes réelles de la maladie. — Températures favorables ou nuisibles. — Influence des saisons et des
météores. — Blessures ou plaies, blanquet ou pourridie, coulure, carniure,
chancre vitifère, clavelée, chlorose ou hydroémie, décrépitude, flottage, gra-
pilluro, nielle, goule, stérilité. — Maladie des feuilles. — Pyrales. — Destruction de la pyrale à l'état de papillon, à l'état de larve ou chenille. —
Moyens préventifs et moyens curatifs. — Destruction de la pyrale à l'état
d'œuf, etc.

VIGNERONS (*L'immense Trésor des*) et des **Marchands de Vin**, indiquant des moyens inédits pour vieillir instantanément les vins, leur enlever les mauvais goûts, même celui de terroir, colorer les vins blancs en rouge Narbonne, même d'une manière hygiénique et sans aucun coupage, éviter leur dégénérescence, partant, plus de vins aigres, amers, gras ou poussés; découverte d'un agent supérieur à l'alcool pour le maintien, la conservation et l'expédition lointaine des vins, par L.-F. DUBIEF, 3e édition revue, corrigée et considérablement augmentée. 1 volume. 3 fr.

Extrait de la table des matières. — De la connaissance des vins. — Appréciation et dégustation. — De la distinction. — Du mélange ou du coupage.— Du vinage. — Amélioration des vins. — De l'imitation des vins. — De la confection des vins mousseux. — Du vin muet et de ses avantages. — Des vins de liqueurs et de leurs imitations.—Recettes et opérations des vins de liqueurs. — *Méthode du Midi.* — *Méthode de Paris.* — De la conservation des vins en fûts pleins et en vidange. — Du soufrage ou méchage.— Du collage pour la clarification. — Arome, sève, bouquet et goût de terroir. — Du gouvernement et de la conservation des vins. — De la mise en bouteilles. — Des altérations. — Moyen de les prévenir et de les corriger. — Des altérations accidentelles et moyen de les guérir. — Disposition et conservation des tonneaux. — Contenance des fûts. — L'auteur termine son livre par une série de renseignements très utiles.

VIGNERON (✳*Guide pratique du*), culture, vendange et vinification, par FLEURY-LACOSTE, président de la Société centrale d'agriculture du département de la Savoie, membre de plusieurs Sociétés savantes. 1 volume. . 3 fr.

Dans la première partie, l'auteur donne les principes généraux pour la culture de la vigne basse : culture en ligne, orientation, la taille, le pinçage, les engrais, choix des cépages, 1re, 2e, 3e et 4e années.

La seconde partie, intitulée *Calendrier du Vigneron*, lui indique les travaux qu'il a à faire mensuellement. La culture des hautains sur treillages élevés dans les champs, remplit la troisième partie. — Quatrième partie : Nouvelles observations pratiques sur les phénomènes de la végétation de la vigne. — Cinquième partie : De la vendange et de la vinification : degré de maturité. — Du ban des vendanges. — Personnel. — Le nettoyage et l'écrasement des grains. — La cuve. — Le décuvage. — Enfin l'auteur termine en indiquant les soins à donner aux vins nouveaux et vieux.

VIN (*Guide pratique pour reconnaître et corriger les fraudes et maladies du*), suivi d'un traité d'**analyse chimique** de tous les vins, 2e édit., par Jacques BRUN, vice-président de la Société suisse des pharmaciens. 1 volume, avec de nombreux tableaux. . . . . 3 fr.

L'art de falsifier les vins a fait ces dernières années de rapides progrès. La chimie ne doit pas se laisser devancer par la fraude : elle doit lui tenir tête et pouvoir toujours montrer du doigt la substance étrangère. Cette tâche, dit M. Brun, incombe surtout aux pharmaciens. Son livre est le résumé des différents traitements qu'il a trouvés réellement utiles, et qui, dans sa longue pratique, lui ont le mieux réussi pour l'examen chimique des vins suspects.

VINS FACTICES (*Guide pratique de la fabrication des*) et des boissons vineuses en général, ou manière de fabriquer soi-même les vins, cidres, poirés, bières, hydromels, piquettes et toutes sortes de boissons vineuses, par des procédés faciles, économiques et des plus hygiéniques, par L.-F. DUBIEF. 2º édit. 1 volume . . . . 2 fr.

M. Dubief a publié ce petit ouvrage, non seulement pour venir en aide aux personnes économes, mais encore, et plus, pour celles dont l'économie est une nécessité. Si elles suivent les prescriptions qui y sont indiquées, elles peuvent être assurées de bien fabriquer elles-mêmes et avec facilité toutes sortes de vins, bières, cidres, etc. Ainsi, il traite la cuvée des vins de raisin fabriqués avec le marc, avec sirop de sucre, de fécule. — Vin rouge de sucre. — Vin mousseux, de fruits, cerises, prunes, groseilles, etc., etc. — Vins de grains, céréales, etc. — Toutes les formules et les procédés indiqués par l'auteur sont simples et faciles, et il suffit de les avoir lus pour les mettre en pratique.

VINIFICATION (*Traité complet de*) ou art de faire du vin avec toutes les substances fermentescibles, en tout temps et sous tous les climats, par L.-F. DUBIEF. 4e édit. 1 volume . . . . 6 fr.

Volume contenant : Les moyens de remédier à l'intempérie des saisons relativement à la maturité du raisin. Le tableau des phénomènes de la fermentation et le meilleur moyen de la produire et de la diriger; les moyens particuliers de faire fermenter les marcs provenant de l'égrapillage du raisin et refermenter ceux qui ont déjà été fermentés; de procurer au vin plus de qualité par une seconde fermentation; de le vieillir sans faire de coupage, par des procédés simples et faciles; de lui enlever le goût de terroir, comme aussi d'obtenir des marcs de raisin, de l'alcool, de l'huile, de l'acide tartrique, etc. ; *et suivi* : des procédés de fabrication des vins mousseux, des vins de liqueurs, vins de fruits et vins factices, les soins qu'exigent leur gouvernement et leur conservation, les principes pour la dégustation et l'analyse des vins, etc., etc.

VOYAGEURS ET BAGAGES (Voir Exploitation des chemins de fer, page 23).

Le cartonnage toile de chaque volume se paye 0,50 c. en plus des prix indiqués.

TABLE DES NOMS D'AUTEURS
PAR ORDRE ALPHABÉTIQUE

Imprimeries réunies, Q, rue du Four, 54 bis, Paris — 3059.

www.ingramcontent.com/pod-product-compliance
Lightning Source LLC
Chambersburg PA
CBHW071629200326
41519CB00012BA/2214